나는 명품이다

자기브랜딩으로 취업에 성공하기

나는 명품이다
자기브랜딩으로 취업에 성공하기

초판발행 | 2020년 9월 21일

지 은 이 | 성원식 이주미 조윤경 김철영
펴 낸 이 | 박찬익
책임편집 | 심재진

펴 낸 곳 | 패러다임북
주　　소 | 경기도 하남시 조정대로45 미사센텀비즈 7층 F749호
전　　화 | (02)922-1192~3 / 031-792-1193, 1195
팩　　스 | (02)928-4683
홈페이지 | www.pjbook.com
이 메 일 | pijbook@naver.com

등　　록 | 2015년 2월 2일 제2020-000028호
I S B N | 979-11-971230-2-3 (13700)

격동하는 취업 트렌드, 무엇을 준비해야 하는가?

나는 명품이다

자기브랜딩으로 취업에 성공하기

저자 　 성원식
이주미
조윤경
김철영

BRANDING

패러다임북

다혜의 취업 고민 _____

 교수님~안녕하세요? 저 다혜에요. 잘 지내시죠?
저… 요즘 취업 때문에 너무 고민이 많아요ㅠㅠ
뭐부터 준비해야 하는지 정말 모르겠어요ㅠㅠ

다혜야~ 반가워! 잘 지내지?
취업 때문에 정말 고민이 많겠구나…
우선 다혜가 하고 싶은 일이 어떤 건지 생각해 보는 건 어떨까?
그게 제일 중요한 것 같아.

 사실…그걸 잘 모르겠어요… 제가 뭘 잘하는지, 어떤 일에 흥미를 느끼는지 별 고민 없이 살았
던 것 같아요. 그걸 안다고 해서 당장 그 분야에 취업이 가능한지도 모르겠구요…
쌓아 놓은 스펙도 변변치 않은데… 교수님, 저 진짜 답이 없는 걸까요?

이제 취업 트렌드가 변해서 예전처럼 스펙만 쌓는다고
취업을 할 수 있는 건 아니니까 너무 걱정하지 마~
대신 다혜가 가진 역량을 발견하고 그것을 표현할 수 있는
능력이 훨씬 중요해졌어.

 어머, 정말요? 그럼 역량이라는 건 어떻게 찾는 거예요?
어떻게 해야 그 역량을 잘 표현할 수 있는지도 너무 궁금해요!

역량이란 다혜가 겪은 수많은 경험 속에서 자연스럽게 깨달은 강점과도 같은 거란다.
그런 역량들이 모여서 다혜라는 '브랜드'를 만들게 되는 거야.

 그러니까 원하는 곳에 취업을 하기 위해서는 다양한 경험을 통해
자기의 강점을 발견하고 이것들을 묶어서 제 자신을 하나의 '브랜드'로
만들어야 한다는 말씀이신거죠?

역시 다혜는 내 제자라서 똑똑하구나ㅎㅎ
사실, 요즘은 자신을 브랜드로 만든 사람만 살아남는 시대라고 할 수 있어.
인기 유튜버나 SNS의 인플루언서들이 대표적인 케이스지.
그렇다고 해서 취업 대신 유튜브를 하라는 건 아니야^^

 교수님 말씀을 들으니까 제 자신을 브랜드로 만드는 과정이 너무 궁금해졌어요.
기왕 만드는 거 명품 브랜드로 만들 수는 없을까요?ㅎㅎㅎ

당연히 명품 브랜드가 될 수 있지!! 취업에서도 성공하고 취업 이후의
행복한 인생을 위해서도 브랜딩 작업이 꼭 필요하단다.

 교수님~ 제 자신을 명품 브랜드로 만드는 방법,
꼭 배우고 싶어요! 가르쳐 주시면 안 될까요?

알았어! 우리 다혜의 부탁이라면 들어줘야지^^
방법이 어렵지는 않으니까 쉽고 재미있게 따라올 수 있을 거야

교수님, 혹시 제 친구들도 같이 들을 수 있을까요?
제 주변에 이런 걱정을 하는 친구들이 너무 많거든요. 같이 공유하고 싶어요.

그럼 친구들을 초대해서 같이 배워볼까?

강다혜 님이 이지선, 박정기, 최지연, 박하늬, 이연수, 오정길, 박민하, 채민서
님을 초대하였습니다.

여러분도 참여하길 원하시면
다음 페이지를 펼쳐 보세요.

Prologue

격동하는 취업 트렌드,
무엇을 준비해야 하는가?

1. 사라지는 공채, 늘어나는 수시채용

일 년에 두 번, 졸업을 앞둔 학생들과 취업 준비생들이 들썩거릴 때가 있다. 바로 대기업 그룹사들의 '공채'가 시작될 때다. 공채란, 그룹사 차원에서 대규모 인원을 한꺼번에 채용하는 형태인데, 전세계적으로 우리나라와 일본에만 있다고 알려져 있다. 일반적으로 공채는 대학생들의 졸업 시기를 전후해서 시작된다.

이러한 대규모 채용이 이뤄진 배경엔 고도성장이 있었다. 하루가 다르게 발전하던 당시에는 인재를 빠른 속도로 확보하는 게 관건이었다. 한꺼번에 많은 인원을 뽑아야 하기 때문에 특정 직무에 필요한 역량을 꼼꼼하게 살펴보기보다는 어느 직무든 잘 수행할 수 있는 보편적인 능력이나 잠재력이 선발 기준이 될 수밖에 없었다. 공채는 우리나라에서는 1957년 삼성물산공사에서 처음 시작한 이래 60년이 넘도록 유지되어 왔다.

안타깝게도 대규모 채용으로 취준생들의 숨통을 틔워주던 공채는 점점 사라지고 있다. 2019년 연간 1만 명 내외의 신입사원을 뽑던 현대기아차그룹이 공채 폐지를 선언했으며 국내 재계서열 3위인 SK그룹도 현대차의 뒤를 이어 공채 폐지를 선언했다.

국내를 대표하는 대기업들이 공채를 폐지하는 이유는 사업환경이 급변하고 있기 때문이다. 사업의 변동 주기가 갈수록 짧아지고 있어 과거처럼 연간 단위의 인력 수급 계획으로는 필요한 때 적절한 인원을 배치하는 것이 불가능해졌다.

구직자 입장에서도 대규모 공채에서는 자신이 원하는 직무에 배정받기 힘들다. 그러다 보니 막상 입사해서 업무가 적성에 맞지 않아 회사를 떠나는 직원이 많아지게 되었고 급기야 1년 이내에 퇴사하는 신입사원의 비중이 30%가 넘기에 이르렀다.[1] 기업에게도 퇴사자가 늘어나는 것은 큰 손실이다. 직원을 채용하고 연수시키는 데에는 많은 비용이 들기 때문이다. 이런 이유들로 인해 공채의 비중은 갈수록 줄어들 것으로 전망된다.

그럼 줄어들고 있는 공채의 자리는 어떻게 되는 걸까? 그 빈 자리는 수시채용이 채워가고 있다. 수시채용은 말 그대로 인력이 필요할 때마다 채용을 진행하는 형태이다. 공채와 수시채용의 가장 큰 차이점은 '규모'이다. 공채는 그룹사 별로 최소한 수백 명에서 많게는 몇 천 명 이상을 한꺼번에 채용하는 반면, 수시채용은 소규모로 진행될 수밖에 없다.

조금 더 구체적으로 살펴보면 공채와 수시채용은 채용을 진행하는 '주체'가 다르다. 대부분의 공채는 그룹사 전체의 채용을 책임지는 인사팀에서 주도한다. 소수의 인원이

---

1) 김민수, 「직장인 87%, "첫 직장 퇴사했다"… 1년미만 퇴사자 '최다'」, 『리크루트타임스』, 2020.1.9

많은 인원을 한꺼번에 선발하다 보니 선발 기준을 단순하게 정한다. 그룹사 전체의 인재상을 정해 놓고 거기에 맞는 인원을 선발하는 것이다. 선발기준이 구체적이지 않다 보니 결국엔 스펙 위주로 판단할 수밖에 없다.

반면 수시채용은 현업 부서에서 채용을 주도한다. 그룹사 전체의 인재상과 같은 추상적인 기준 대신 특정 업무를 잘 수행할 수 있는 능력을 중요하게 여긴다. 선발기준이 까다로울 수밖에 없다. 이런 특성으로 인해 수시채용에서는 신입사원보다 경력직을 선호하게 되므로 신입사원에게는 불리하다고 할 수 있다.

취업을 준비하는 데에는 어떤 차이가 있을까? 자소서의 경우 공채용 자소서는 '복불복'에 가깝다고 할 수 있다. 소수의 직원이 수 만 명에 이르는 인원의 자소서를 검토하기 때문에 자세히 읽을 시간이 없다. 공들여 쓴다 한들 채용 담당자의 눈에 띌 확률이 높지 않다. 반면 수시채용에서는 장차 자기들과 일하는 사람을 직접 뽑는 것이므로 자소서를 꼼꼼하게 볼 수밖에 없다. 면접에 있어서도 공채 면접에서는 많은 사람을 한꺼번에 봐야 하므로 정해진 질문을 대상자만 달리해서 반복하는 반면 수시채용에서는 구체적이고 날카로운 질문을 할 가능성이 크다.

그러므로 공채에서 수시채용으로의 전환은 취업 준비의 패러다임이 바뀌는 거라고 할 수 있다. 이런 흐름에 적응하기 위해서는 기존의 '묻지마 스펙 쌓기'에서 벗어나 수시채용에 대비하기 위한 보다 구체적이고 전략적인 취업 준비를 하는 수밖에 없다.

2. 짧아지는 기업의 수명, 길어지는 인간의 수명

'야후'라는 기업은 2000년대 초중반까지 인터넷 검색 시장을 주름잡던 강자였다. 하지만 현재 야후라는 이름을 기억하는 사람은 그리 많지 않다. 당시 야후의 아성을 이제는 구글과 유튜브, 페이스북 등의 기업들이 대신하고 있다. 중요한 건 이러한 변화가 불과 10년 사이에 이뤄졌다는 사실이다. 이 말은 곧 지금 한창 잘 나가는 구글조차도 10년 안에 잊혀진 이름이 될 수 있다는 뜻이다.

이처럼 기업 환경의 변화 속도가 엄청나게 빨라졌고 이로 인해 기업의 수명도 짧아지고 있다. 글로벌 경영 컨설팅 기업 맥킨지는 1935년에는 90년이던 기업의 평균 수명이 1975년에 와서는 30년으로 줄었으며, 1995년에는 22년으로 단축되었고 2015년에는 15년에 불과할 것이라고 했다. 1935년에서 80년이라는 시간이 흐르는 사이 기업의 평균 수명은 1년씩 줄어든 셈이다.

왜 기업의 수명은 갈수록 짧아지는 것일까? 가장 큰 이유는 스마트폰의 등장 이후 시장이 모바일로 재편되면서 소비 트렌드의 주기가 급격하게 짧아지고 있기 때문이다. 모바일 환경에선 손쉽게 물건을 구입할 수 있고 유튜브나 각종 SNS를 통해 날마다 새로운 콘텐츠와 유행이 등장하고 있어 소비 트렌드를 예측하기가 쉽지 않다.

실제로 모바일 마케팅 기업 애드웨이즈(ADWAYS)가 2015년 실시한 조사에 따르면 모바일게임의 수명은 약 25주, 6개월에 불과한 것으로 나타났다.[2] 이러한 조사가 시작된 2011년의 평균 주기가 190주 정도였던 것에 비하면 급속도로 짧아진 것이다.

최근에는 주된 소비 세대가 밀레니얼 세대에서 Z세대로 전환되면서 소비 트렌드가 더욱 급격하게 변화되고 있다. 패스트 패션이라 불리면서 전 세계의 패션 시장을 석권

---

2) 이대호, 「모바일게임 평균수명, 6개월 남짓…국내는 더 짧아」, 『디지털데일리』, 2016.7.21.

했던 SPA 브랜드들은 싼 가격과 튀지 않는 패션을 선호하던 90년대생들에게 각광받았다. 하지만 최근에는 주소비층으로 떠오른 2000년대생들이 개성이 강하고 독특한 것을 추구하는 성향을 보임에 따라 SPA 브랜드들은 위기를 맞게 되었다.[3]

이처럼 기업을 둘러싼 환경이 점점 예측불가능한 상황으로 흐르고 있어 기업의 수명은 더욱 짧아질 것이다. 그러므로 잘 나가는 회사에 취업하더라도 달콤함을 누릴 시간은 길지 않다는 걸 명심해야 한다. 거의 대부분의 회사는 15년을 넘기기가 힘들다는 사실을 잊지 말자.

이와는 반대로 인간의 수명은 점점 늘어나고 있어 이른바 100세 시대가 도래하기에 이르렀다. 실제로 평균 수명은 80세를 넘어가고 있다. 기업의 수명이 점점 짧아지고 있는 상황에서 인간의 수명이 늘어난다는 것은 축복보다는 재앙에 가깝다. 이제 대부분의 사람들은 나이가 들어갈수록 편안한 노후를 기대하기보다는 일자리 걱정을 해야 하는 처지가 되었다.

인간의 수명과 기업의 수명 차이는 갈수록 늘어날 가능성이 크다. 이런 상황에서 조직의 힘에 의지한 채 살아가는 건 어리석은 짓이다. 그러므로 취업 이후에도 끊임없이 새로운 지식과 기술을 습득해야 하는 숙명을 기꺼이 받아들여야 한다.

---

3) 배성수, 「명동 휩쓸던 해외 SPA 브랜드 어디로」, 『한국경제』, 2019. 11. 17.

3. 스펙을 쓸 수 없는 블라인드 채용, 그리고 AI 면접관

자소서나 이력서를 한 번이라도 써 본 사람이라면 한 가지 이상한 점을 느꼈을 것이다. 부모님과 가족에 대한 정보를 써야 하는 칸이 있기 때문이다. 사실 업무 능력과 가족에 대한 정보는 아무런 관계가 없다. 오히려 이런 개인 정보는 불공정한 채용에 악용될 가능성이 크다.

실제로 구직자의 절반 이상이 채용 과정이 불공정하다고 느낀 적이 있다고 했는데, 불공정을 느낀 단계는 서류 전형이 57.4%로 가장 높았다.[4] 거기다 수많은 채용 비리가 언론을 통해 드러나면서 많은 구직자들이 좌절을 느껴야만 했다.

학벌이나 스펙 역시 구직자들에게 좌절을 안겨주는 장벽이다. 수많은 연구 결과와 기업의 사례는 스펙과 업무 능력이 아무런 상관 관계가 없다는 걸 말해 준다. 그럼에도 스펙이 취업에서 중요하게 작용하는 건 선발의 용이성 때문이다.

대규모 공채 중심의 취업 시스템 아래에서는 수많은 구직자를 일일이 파악할 수 없으므로 일정한 기준의 스펙을 정해놓고 그 기준을 충족하지 못하는 지원자는 걸러내 버린다. 그러므로 구직자들은 업무 능력에 별 도움도 되지 않는 스펙 쌓기에 열중할 수밖에 없다.

이러한 부작용을 방지하고자 2017년부터 공기업 채용에서는 '블라인드 채용'이 의무화 되었다. 블라인드 채용이란, '채용 과정(입사지원서·면접)에서 편견이 개입되는 출신지, 학력 등 불합리한 차별을 야기할 수 있는 항목을 요구하지 않고 실력(직무능력)을 평가하여 인재를 채용하는 방식'을 말한다.[5]

---

4) 김호준, 「구직자 절반, '불공정한 채용 경험」, 『이데일리』, 2019.6.27.
5) 『지방공공기관 블라인드 채용 가이드북』, 행정안전부, 2017. 9.

2019년 7월부터는 이른바 '블라인드 채용법'(채용절차의 공정화에 관한 법률)이 적용 되기에 이르렀다. 이 법률 덕분에 구직자의 용모, 키, 체중 등 신체 조건이나 출신 지 역, 혼인 여부 및 부모·형제의 학력, 직업, 재산 등 직무 수행과 관계없는 개인정보들을 이력서 등에 게재하도록 요구하는 것이 금지되었으며, 이를 위반하는 기업들은 과태료 를 물어야 한다.

2018년 카카오는 신입 개발자 공채를 완전한 형태의 블라인드 채용으로 진행했다. 구직자들은 이름과 이메일 주소, 연락처만 기재하면 그만이었다. 그대신 세 번의 코딩 테스트와 두 번의 면접을 거쳐야 했으며, 자소서와 출신 대학 등에 관한 정보는 면접 전에야 제출했다고 한다.[6]

이러한 블라인드 채용에 대한 성과를 검증하기 위해서는 보다 많은 시간이 필요하겠 지만, 지금까지의 채용 방식에 비해 실무 능력에 대한 평가 비중이 상당히 높아진 것 만은 분명하다. 그러므로 기업에게도 이익이며 구직자에게도 공정하게 느껴지는 채용 방식이라고 할 수 있어 블라인드 채용을 도입하는 기업의 수는 더욱 늘어날 것으로 보 인다.

한편 블라인드 채용과 함께 앞으로의 채용 시장에 큰 변화를 몰고 올 트렌드가 있는 데 바로 인공지능(AI)을 활용한 채용이다. 자소서 평가는 물론 면접까지도 사람이 아 닌 인공지능이 진행하는 것이다. CJ와 롯데 그룹 등 상당수의 기업이 AI 채용을 도입 했거나 도입을 검토하고 있다.

AI의 가장 큰 특징은 수많은 데이터를 학습하고 스스로 최적의 해답을 찾아내는 것 이다. 전문가들에 따르면 AI는 우수한 면접관과 인사 전문가들의 채용 방식과 함께 뇌

---

6) 「카카오 첫 블라인드 공채 합격자 36명, 출신대학 보니」, 『네이버 JobsN』, 2018.1.30.

과학 등의 논문을 학습하여 최적의 채용 솔루션을 스스로 찾아낼 수 있다고 한다. 면접에서는 지원자의 맥박은 물론 눈동자의 움직임, 기억력과 사고력까지 분석해 내는데, 이를 통해 공정성과 효율성 모두를 잡을 수 있다고 한다. 덕분에 AI를 활용한 채용 역시 더욱 늘어날 것으로 보인다.

블라인드 채용이나 AI를 활용한 채용은 그 장점도 크지만 아직은 부작용도 따르고 있어 개선될 여지가 많다. 하지만 지금까지 채용의 문제점들로 지적된 것들을 상당부분 보완해주고 있어 앞으로 더욱 확대될 것이 분명하다.

따라서 스펙을 쓸 수 없는 블라인드 채용은 지금까지 쌓아왔던 스펙을 아무 소용 없게 만들 것이며, AI 채용 담당자는 인간보다 더욱 정교하게 여러분을 평가할 것이다. 이런 상황 속에서 더욱 중요해지는 건 자기만이 가진 역량을 발견하고 거기에 적합한 직무에 지원하는 일이다.

그런 준비를 일찍부터 체계적으로 해온 구직자에게는 이러한 미래가 기회가 되겠지만, 그렇지 않은 구직자에게는 힘든 시간이 될 것이다.

4. 그래서, 무엇을 준비해야 하는 걸까?

지금까지 살펴본 것처럼 채용 트렌드는 급격하게 변하고 있다. 사회와 산업의 구조 자체가 변하고 있다고 해도 과언이 아닐 정도로 변화의 폭이 크다. 그래도 채용 트렌드가 향하고 있는 방향은 명확하다.

바로 '스펙 좋고 성실한 인재'를 뽑기 위한 채용에서 맡은 직무를 잘 수행할 수 있는

'실무형 인재'를 선발하기 위한 채용으로의 변화이다. 이를 위해서 수시채용, 블라인드 채용처럼 인재를 선발하는 방식을 개선하거나 AI와 같은 첨단 기술의 힘을 빌리는 것이다.

또 한 가지 눈 여겨 봐야 할 건 이제 '구직'에 대한 고민이 20대 청년에게만 국한된 문제가 아니라는 점이다. 기업의 수명과 산업의 트렌드 주기가 갈수록 짧아지고 있는 반면 인간 수명은 늘어나고 있어 취준생이 아니더라도 '구직'에 대한 고민을 끊임없이 해야 한다. 어느 정도 경력을 쌓게 되면 '경력직 입사'로 눈을 돌릴 수밖에 없는 시대가 된 것이다.

이런 상황 속에서 우리는 무엇을, 어떻게 준비해야 하는 걸까? 앞서 살펴본 채용 트렌드를 바탕으로 취준생이 반드시 준비해야 할 세 가지 일들을 정리해 본다.

1) 회사 보다는 '직무'를 보고 준비해야

이제 기업에서 원하는 것이 스펙이 아닌 '실력'임이 명확해진 이상 직무에 대한 이해도를 높여 직무를 수행할 수 있는 능력을 기르는 일이 중요해졌다. 이를 위해서는 자신이 지원하고자 하는 직무의 특성을 잘 이해해야 한다. 직무에 대해 이해하기 위해서는 다양한 자료를 검색해 보거나 학교 선배 찬스를 활용하는 방법, 각종 컨퍼런스에 참석하여 실무자로부터 살아 있는 정보를 얻는 방법 등이 있다.

이처럼 각종 자료나 네트워크를 통해 쌓은 지식을 바탕으로 자신이 가고자 하는 직무를 정한 다음 이 직무에 도움이 될 만한 경험을 집중적으로 쌓아야 한다. 예를 들면 마케팅 직무를 원하는 경우 시장조사 또는 고객 데이터 분석 등의 아르바이트를 통해 마케팅 직무에 필요한 경험을 쌓는 것이다.

2) '경험 사전'을 통해 경험을 체계적으로 관리해야

자신에게 맞는 직무를 선택하기 위해 가장 중요한 건 바로 '경험'이다. 남들이 다 하니까 불안해서 따 놓은 자격증, 남들이 다 가니까 막무가내로 떠난 어학연수와 같이 아무런 방향성 없이 닥치는 대로 쌓은 스펙은 이제 취업에 아무런 도움이 되지 않는다. 대신 다양한 경험을 통해 자신이 무엇을 잘 하는지 파악해야 한다.

뒤에서 자세히 살펴보겠지만 자소서를 쓰는 과정은 자신의 경험을 채용 담당자의 의도에 맞게 재구성하는 과정이라 할 수 있다. 그러므로 자신의 경험들을 그냥 흘려 보내지 말고 경험을 통해 무엇을 깨달았는지 체계적으로 정리하는 작업이 필요하다.

이를 위해서는 아래와 같은 자기만의 '경험 사전'을 만들어야 한다. 이런 '경험 사전'을 만들어두면 자소서를 쓸 때마다 필요한 것만 골라서 요긴하게 사용할 수 있다.

〈 경험 사전 예시 〉

경험 구분	당시 처한 상황	나의 역할	결과 + 얻은 것
아르바이트	매장 매출이 갈수록 감소하고 있었으나 뚜렷한 원인을 찾지 못하고 있었음	평소 잘 팔리는 상품들을 유심히 관찰하였다가 좋은 위치로 이동	매출이 30% 증가하였음 + 고객기반 관점과 관찰의 중요성을 깨달음
동아리	공모전에 출전했는데 구성원들과의 불화로 인해 불참할 위기에 빠짐	갈등을 일으킨 구성원과의 대화를 통해 갈등의 원인을 파악하였으며 의견 조율을 위한 토론의 자리를 마련	공모전 2위 + 갈등해결 능력과 문제해결 능력을 얻음
인턴 경험	OO사 인턴 경험 중 마케팅 설문 담당 업무를 진행했는데, 설문에 응해주지 않는 고객들 때문에 당황스러웠음	고객에게 접근하기 위해 다양한 노력을 기울였음	설문지 100장을 하루 만에 완료 + 친화력, 창의력을 경험

3) 자기 이해를 바탕으로 자신을 효과적으로 '표현'할 수 있어야

구직자는 위와 같은 경험 사전 또는 다양한 분석 도구들을 통해 자신이 가진 역량에 대해 철저히 파악해야 한다. 이는 자신을 이해하는 과정이라 할 수 있는데, 자신을 이해한다는 건 취업에 있어서뿐만 아니라 행복한 인생을 살기 위한 가장 중요한 요소라고 할 수 있다.

하지만 취준생들에게 더 중요한 건 자신을 효과적으로 '표현'하는 일이다. 같은 경험을 통해 동일한 배움을 얻었더라도 이를 효과적으로 표현하는 사람만 취업에 성공할 수 있다. 그렇다면 어떻게 표현하는 것이 효과적인 것일까?

채용 시즌이 되면 인사담당자들은 엄청나게 많은 수의 자소서를 읽어야 한다. 이런 상황에서 인사담당자에게 자신을 드러내기란 쉬운 일이 아니다. 한두 줄만으로도 자신에 대해 명확하게 표현할 수 있어야 하는데, 그것이 바로 효과적인 자기 표현이며 이 책에서 말하는 '취업 단계에서의 자기브랜딩'의 핵심이다.

하지만 자기브랜딩이란 단순히 눈 앞의 취업만을 위한 기술은 아니다. 앞서 설명한 것처럼 이제 취업은 평생에 걸친 고민 거리가 되었다. 그러므로 다양한 경험과 성찰을 통해 끊임없이 자신이 나가야 갈 방향을 고민하는 동시에 자신을 효과적으로 표현하는 방법을 익혀야만 한다.

이런 과정은 어떤 상품이나 기업을 '브랜딩'하는 과정과 동일하다. 다만 '브랜딩'하는 대상이 자기 자신이란 점이 다를 뿐이다. 브랜딩의 핵심은 소비자에게 어떠한 '인식'을 심어주는 것이다. 소비자들이 로고나 상표만 보더라도 제품을 떠올리게 되는 것처럼 사람들에게 자신을 하나의 브랜드로 인식시켜 가는 것이 바로 '자기브랜딩'이다.

이런 자기브랜딩을 할 수 있는 사람에겐 채용 트렌드가 아무리 변한다 해도 밝은 미래가 보장될 것이다. 반면 자기브랜딩에 대한 고민 없이 우왕좌왕 하는 사람에겐 혼돈과 방황이 기다리고 있을 뿐이다.

CONTENTS

CONTENTS

나는 명품이다

1부
취업을 위한 자기브랜딩 전략

제1장

자기브랜딩의 개념과 필요성

1. 브랜딩이란 무엇일까?

자신을 브랜딩하는 방법에 대해 살펴보기 전에 '브랜드'와 '브랜딩'이 무엇인지 살펴볼 필요가 있다. 브랜드(Brand)의 어원은 "불에 달구어 지진다" "불에 달군 화인으로 낙인을 찍는다"는 뜻으로 사용된 노르웨이의 고어인 'brandr'에서 유래되었다고 한다.

17세기까지만 해도 브랜드는 단순히 소유주나 생산자를 표시하던 것을 의미했지만, 유럽과 미국에서 상업이 비약적으로 발전하면서 제품의 로고 등에 대한 법적인 보호장치로 발전해 왔다. 현대소비사회에 이르러서는 브랜드는 훨씬 복잡한 의미를 가지게 되었다. 현재는 특정 제품이나 회사를 상징하는 역할을 넘어 생산자와 소비자 사이의 커

뮤니케이션을 가능하게 해주는 매개체로까지 발전했다.[1]

미국마케팅협회(American Marketing Association) 역시 브랜드를 '판매업자가 자신의 제품이나 서비스를 식별시키고 경쟁업자의 제품이나 서비스와 차별화할 목적으로 사용하는 이름, 용어, 디자인, 상징, 또는 어떤 다른 특성'[2] 이라고 정의하고 있어 상당히 폭넓게 정의하고 있다.

이처럼 현대에 와서는 '브랜드'의 정의가 상당히 넓어지게 되었지만, 브랜드에 있어서 중요한 것은 사람들에게 '차별성'을 '인식'시켜 주는 것이다. 다른 누군가와 차별화시켜 가는 '과정'을 브랜딩(Branding)이라 할 수 있다. 사람들은 기능이나 품질 면에서 큰 차이가 없음에도 불구하고 비싼 돈을 주고 명품을 구입한다. 이것이 바로 소비자의 인식 속에 자리 잡은 브랜드의 힘이며, 브랜드에 생명과 힘을 불어넣어 주는 과정이 브랜딩이다.

오늘날 세계적인 기업들은 누구나 알고 있는 브랜드를 보유한 기업이라고 할 수 있다. 전세계인이 알고 있는 브랜드들의 가치는 어느 정도 될까? 세계적인 브랜드 컨설팅 그룹인 인터브랜드가 발표한 2018년 조사에 따르면 세계를 대표하는 100개 브랜드의 가치 총액은 무려 2조 153억 달러에 달한다고 한다.[3]

인터브랜드가 발표한 세계 최고의 브랜드 1~3위 (왼쪽부터 애플, 구글, 아마존)
이 세 개 브랜드의 가치만 4,700억 달러가 넘는다.

---

1) 박보람, 「브랜드의 정의에 관한 고찰」, 『Design Convergence Study』 62 Vol.16. no.1, 2017.2.
2) American Marketing Association Dictionary Archived 2012–06–11
3) Interbrand, 「Best Global Brands 2018」, 2018.10.4., www.interbrand.com/kr

우리가 주목해야 하는 건 '사람'도 하나의 브랜드가 될 수 있다는 사실이다. 세계적으로 유명한 경영학의 대가 톰 피터스는 1997년에 이미 사람이 브랜드가 되는 시대가 될 거라고 예견한 바 있다. 실제로 당시 NBA를 대표하던 마이클 조던의 이름을 딴 농구화가 불티나게 팔리고 있었으며, 오프라 윈프리 역시 자신의 이름을 딴 토크쇼로 전세계적인 인기를 누리고 있었다. 그러나 이 당시에는 자신을 브랜딩 하는 데 한계가 있었다. 브랜드라 부를 수 있는 유명인이 되기 위해서는 방송에 출연하는 게 유일한 방법이었는데, 이 때만 해도 소수의 방송국이나 신문사가 미디어를 독점하고 있었고 이들 매체에 출연할 수 있는 사람은 극소수에 불과했기 때문이다.

하지만 인터넷이 등장하면서 기회가 폭이 넓어지기 시작했다. 모바일 시대에 이르러서는 스마트폰을 통해 손쉽게 콘텐츠를 제작하고 많은 사람들에게 방송할 수 있게 되었다. 특히 유튜브는 누구나 미디어 활동을 할 수 있게 해주는 생태계를 창조했다. 이런 환경 덕분에 엄청난 수의 구독자를 거느린 '1인 미디어'들이 등장했다. 국내에서는 J모라는 유튜버가 가장 많은 구독자 수(1,520만명, 2020년 5월 현재)를 자랑하고 있으며, 이들 유명 유튜버들은 한 해에 수십 억원의 수입을 얻고 있는 것으로 알려져 있다.

개인 브랜딩이 단순히 유명인이 되는 것만을 의미하지는 않는다. 물론 개인 브랜딩의 궁극적인 목표가 특정 분야를 대표하는 사람이 되는 것이지만, 개인 브랜딩에서 가장 중요한 건 자신을 명확하면서도 강렬하게 표현하는 일이다.

특히 취업에 있어서는 빠른 시간 안에 채용담당자의 인식에 파고들어야 하므로 자신을 효과적으로 드러내는 일이 무엇보다 중요하다. 채용 담당자들은 지원자들에게 깊은 관심을 가질 만큼 한가한 사람들이 아니다. 불과 10초 정도의 짧은 시간 안에 당락이 좌우된다고 해도 과언이 아니다. 지원자에겐 허무하게 들리겠지만 이것이 채용의 현실이다. 이게 바로 당신이 이 책을 읽어야 하는 이유이기도 하다.

태양이 아무리 강렬해도 종이 한 장을 태울 수 없다. 그러나 돋보기를 통해 태양을 한 점으로 모으는 순간 종이는 타기 시작한다. 개인 브랜딩도 이와 같다. 수많은 명품 브랜드들이 자신의 정체성을 로고 하나에 담아서 표현하는 것처럼, 자신이 걸어왔던 길과 쌓아왔던 역량을 강력하고 효과적으로 '응축'해서 표현하는 것, 그것이 바로 자기브랜딩의 핵심이다.

2. 휴먼 브랜드의 미래 vs 일반 사람들의 미래

'유명인이 되고 싶지는 않은데, 굳이 나 자신을 브랜딩할 필요가 있을까?'

지금까지의 설명을 듣고 나서 이런 의문이 들 수 있다. 하지만 이제는 자신을 브랜딩하지 않으면 노후가 불안해지는 시대가 되었다. 100세 시대의 차가운 현실 때문이다.

평균 수명이 늘어 남에 따라 경제 활동에서 완전히 벗어나는 실질 은퇴 연령도 점점 늘어나 이제는 70세가 넘어야 경제활동에서 완전히 벗어날 수 있게 되었다.[4] 그러나 통계청의 자료에 따르면 주된 일자리에서의 평균 퇴직 연령은 49.1세에 불과하다.

이 말은 곧 40대 후반이면 다니던 직장에서 퇴직해야 하며 그 후 20년 동안 사실상의 고용 불안 상태에 놓이게 된다는 뜻이다. 이것이 바로 우리가 당면한 100세 시대의 냉혹한 현실이다. 더구나 우리나라의 노인 빈곤율은 세계 최고 수준을 자랑한다.

이제 자기만의 전문 분야를 정하고 업계 관계자 또는 고객에게 자기만의 고유한 인식을 심어주는 자기브랜딩을 해놓지 않으면 노인 빈곤을 피할 수 없다. 그럼 자기브랜딩에 성공한 사람은 어떤 삶을 살게 될까?

---

4) 한국고용정보원, 『고용동향 브리프』, 2017.3.

대구에서 맞춤 양복점을 운영하는 박치헌 대표는 60이 훌쩍 넘은 나이에도 '멋진 아재'로 통한다. 매일 입었던 옷차림을 찍어서 올리는 그의 블로그에는 150만 명이 넘는 사람들이 다녀갔다.

그는 평범한 직장인이었지만 오랜 시간 '옷 덕후'로 살았다. 옷에 대한 사랑이 유별났기에 덕질도 제대로 할 수 있었다. 신문 기사에 따르면 그는 재단사에게 옷을 잘 만들어 달라는 간곡한 편지를 보내기도 하고, 아마존은 물론 인터넷조차 없던 시절에 국내에서 구하기 힘든 패션 관련 서적을 외국에서 어렵게 구해와서 혼자 패션에 대해 공부했다고 한다.[5]

이런 그의 옷 사랑은 결국 그를 창업의 길로 이끌었다. 남들은 회사에서 쫓겨 나거나 은퇴를 생각할 50대 중반의 나이에 그는 서울에 있는 유명 양복점들을 찾아가 양복 만드는 법을 배우기로 했다. 그 나이에 재단하는 법을 배우기에는 너무 늦었다고 판단해서 옷을 재단하기 전에 사람의 몸에 맞게 바느질하는 '가봉'하는 법을 집중적으로 배웠다.

고생 끝에 대구에서 창업을 했지만, 처음에는 고전을 면치 못했다. 그러나 꾸준한 블로그 활동을 통해 사람들, 특히 청년들과 소통하기 시작했고 주목을 받기 시작했다. 이제 그는 고객에게 딱 맞는 컬러와 스타일의 정장을 제안하고 제작해주는 '슈트 이미

슈트 이미지 컨설턴트이자 클래식 양복점을 운영하고 있는 박치헌씨의 모습. 옷에 대한 오랜 덕질 끝에 50이 넘은 나이에 창업했지만 '젊은 아재'로 불리며 왕성한 활동을 하고 있다.
(사진 출처 : 박치헌씨의 블로그 '더가이_불량소년'에서 캡처)

---

5) 이연주, 「62세 SNS스타, 슈트 이미지 컨설턴트 박치헌씨」, 『조선일보 JobsN』, 2017.1.23.

지 컨설턴트'로 이름을 알리고 있다. 그의 양복점에서 정장 한 벌을 맞추기 위해서는 최소한 한 달 이상을 기다려야 할 정도이다. 그야말로 오랜 '덕질'이 그의 인생을 바꾼 셈이다.

이런 그의 성공 스토리는 자기브랜딩을 위해서는 다음과 같은 노력이 필요하다는 걸 말해 준다.

- 자기브랜딩에 있어서 가장 중요한 건 특정 분야에 대한 숨길 수 없는 '**열정**'이다.
- 이런 열정을 바탕으로 오랜 시간 '**덕질**'에 가까운 노력을 기울여야 한다.
- 블로그와 같은 자기만의 '**플랫폼**'을 통해 고객과 끊임없이 소통해야 한다.
- 자신이 하는 일을 '**슈트 이미지 컨설턴트**'와 같은 한 단어로 '**표현**'할 수 있어야 한다.

이처럼 자기브랜딩의 핵심은 자신이 할 수 있는 일을 효과적으로 표현하여 사람들이 자신을 선택할 수밖에 없도록 만드는 과정이라는 걸 다시 한 번 확인할 수 있다. 결코 쉽지 않은 과정이지만, 박치현 대표처럼 자기브랜딩에 성공할 경우 고용불안이나 노인 빈곤에 시달리지 않고 인생의 진짜 황금기를 누릴 수 있게 된다.

어떤 미래를 향해 달려갈 것인지 빨리 결정할수록 좋은 결과가 나타난다. 당신은 50 대가 되기도 전에 고용 불안에 떠는 사람이 될 것인가, 아니면 자기 분야를 대표하는 명품 브랜드가 될 것인가?

3. 브랜드의 핵심, '콘셉트'에 대한 이해

좋은 브랜드란 사람들의 인식에 깊이 자리 잡은 것이다. 인식이란 브랜드에 숨어 있는 '의미'를 말하는데, 마케팅에서는 이러한 의미 혹은 인식을 브랜드 콘셉트(Brand Concept)라 한다.[6] 브랜드 콘셉트는 보통 하나의 핵심적인 것으로 정하는 것이 좋다. 브랜드 콘셉트가 복잡해질수록 고객에 대한 효과성은 떨어진다.

가령 파스타를 전문으로 하는 가게가 있는데, 장사가 안 된다고 해서 어느 날 갑자기 '냉면개시'라는 현수막을 달았다고 상상해보자. 과연 그 가게에 들어가고 싶은 마음이 들까? 파스타를 파는 이 가게의 브랜드 콘셉트는 바로 '이탈리아 요리 전문점'일 것이다. 이런 브랜드 콘셉트를 넘어서지 않는 범위에서의 다양한 메뉴 개발은 이 가게의 가치를 높이겠지만, '냉면'은 '이탈리아 요리'와는 거리가 멀다. 그러므로 브랜드 콘셉트의 범위를 벗어나는 것이라고 할 수 있다.

이와는 반대로 애플은 오랜 기간 '다르게 생각하라(Think Different)'는 슬로건을 내세웠다. 애플이 처음으로 이 슬로건을 내세웠던 광고에는 세상을 바꾼 천재들이 나오고 그들의 공통점인 세상을 다르게 볼 줄 아는 능력을 강조한다. 그리고 이를 단 두 개의 단어로 응축해 고객의 뇌리에 깊이 새긴다. 그것이 바로 'Think Different'이다. 애플은 이러한 캠페인을 통해 색다른 방식으로 세상을 바꿔 나가겠다는 자기만의 브랜드 철학을 강력하고 효과적으로 고객에게 전달할 수 있었다. 이것이 바로 브랜드의 의미와 철학을 담은 브랜드 콘셉트를 전달하는 좋은 예라고 할 수 있다. 이처럼 브랜드 콘셉트는 그 브랜드를 잘 설명해주는 간략하고도 강력한 한 마디라고 할 수 있다.

그렇다면 개인 브랜딩에서는 어떤 것을 브랜드 콘셉트라고 할 수 있을까? '자기를 표

---

6) 홍성태, 「모든 비즈니스는 브랜딩이다」, 『쌤앤파커스』, 2017.

현하는 한 마디'라는 점에선 기업의 브랜드 콘셉트와 동일하지만, 한 가지 큰 차이점을 보인다. 개인 브랜딩에서는 자신이 어떤 사람인지, 무슨 일을 하는 사람인지 명확하게 인식시켜 줄 필요가 있는데, 이런 것들은 보통 자신의 '직업'이 말해준다.

물론 단순히 '직업'만으로 한 사람을 표현하기에는 부족한 건 사실이지만 직업만큼 효과적인 걸 찾아보기 힘들다. 더구나 직업은 다양한 관점으로 표현될 수 있는데, 예를 들면 백종원씨의 경우 국내 최대 규모의 프랜차이즈 사업을 운영하는 '요식사업가'에 가깝지만, TV에 출연할 때에는 자신을 '요리연구가'로 소개한다. 이는 자신이 '사업가'라기 보다는 고객에게 즐거움을 주기 위해 '요리를 연구하는 사람'으로 인식하게 한다. 실제로 그는 자신이 연구한 걸 많은 사람들에게 알려주는 역할을 하고 있다.

물론 조금 더 구체적으로 표현할 수도 있다. 역사 강의로 유명한 설민석 강사는 강의를 시작하기 전에 다음과 같이 자신을 소개한다.

"이 땅에서 20년이 넘도록 한국사를 강의한 한국사 전문가 설민석입니다."

단순한 소개인 것 같지만 청중에게 자신이 누구인지, 무엇을 하는 사람인지, 무엇을 제공해 줄 것인지 명확하게 표현하는 한 마디이다. 거기다 '20년이 넘도록'이라는 말로 전문성과 권위까지 나타내고 있어 청중은 저절로 설민석 강사의 말에 귀를 기울이게 된다.

이처럼 자기브랜딩에 있어서 가장 효과적인 방법은 자신이 하는 일, 또는 하고자 하는 일을 한 마디로 응축시켜 표현하는 것이다.

그런데, 아직 직업도 없고 특별한 관심 분야도 정하지 못한 '취업준비생'은 어떻게 자신의 브랜드 콘셉트를 표현해야 하는 걸까?

취준생은 우선 자신의 강점과 흥미, 역량 등의 자기 이해를 바탕으로 자기만의 키워드와 차별화 포인트를 찾아야 한다. 이것이 바로 취준생의 브랜드 콘셉트라 할 수 있다.

그런 다음 자신의 브랜드 콘셉트를 보다 명확하게 드러내는 주제문과 함께 이를 뒷받침 할 수 있는 브랜드 스토리를 만들어 채용 담당자에게 자신의 존재를 인식시켜야 채용의 가능성이 높아진다. 여기에 대한 자세한 내용은 이어지는 2장에서 자세히 설명하도록 한다.

4. '나' 라는 브랜드를 구축하는 단계별 전략

'브랜드'란 하루 아침에 만들어지는 것이 아니다. 우리가 아는 명품 브랜드들은 오랜 세월에 걸쳐서 자기만의 브랜드 이미지를 구축해왔다. 이 책에서 전하고자 하는 '자기브랜딩' 역시 하루 아침에 이루어지는 게 아니다. 다만 지금부터 체계적인 방법을 배운다면 그 시간을 최대한 단축시킬 수 있다.

한 번 취업하면 평생 그 직장에서 일하던 과거와는 달리, 100세 시대에는 끊임없이 자신의 커리어를 구축해 나가야 하는데, 이러한 과정 자체가 자기브랜딩이라 할 수 있다. 그러므로 취업을 준비하는 단계에서부터 체계적으로 자기만의 브랜드를 구축해 나가야 한다.

한편 모바일 시대가 되고 다양한 플랫폼이 등장하면서 자신을 알릴 수 있는 방법도 다양해졌다. 자기브랜딩을 위해 어떤 플랫폼을 사용해야 할지 선택하는 것도 중요한 문제이지만 그보다 중요한 건 '일관된 브랜딩 전략'이다. 사람은 자기가 관심이 없는 상품이나 인물에 대해 큰 관심을 두지 않는다. 그러므로 강렬하고 심플한 메시지를 일관되게 전달해야 비로소 사람들의 인식을 파고들 수 있다. 이것이 바로 자기브랜딩 전략의 핵심이다.

　이러한 자기브랜딩 과정은 일찍 시작할수록 좋다. 취업을 준비하고 있는 이 시기가 바로 골든 타임(Golden Time)이라 할 수 있다. 취업이 어렵다고 해서 자신이 원하지도 않는 직장에 마구잡이로 지원하면 나중에 반드시 후회하게 된다. 심지어 누구나 선망하는 대기업에 입사해서도 1~2년 안에 퇴사하는 이들의 수는 갈수록 늘어나고 있다. 대기업뿐만 아니라 1년 안에 퇴사하는 신입사원의 비율 자체가 갈수록 높아지고 있는데, 이는 마구잡이식 지원의 결과라 해도 과언이 아니다.

　지금부터 본격적으로 취업준비생을 위한 자기브랜딩 전략을 소개하고자 한다. 자기브랜딩은 단순히 자소서를 잘 쓰는 요령을 배우는 것 그 이상을 의미한다. 자소서 작성은 사회에 첫 발을 내딛기 위해 준비하는 일에 불과하다. 100세 시대의 냉혹한 현실을 극복하기 위해 '나'라는 브랜드를 제대로 만들어 보도록 하자.

　지금부터 소개할 취업준비생을 위한 자기 자기브랜딩 과정은 아래와 같다. 총 3단계로 이루어지는 과정을 제대로 활용하면 취업에도 성공하고 인생 전체를 행복하게 보낼 수 있다고 확신한다.

1단계 '나'라는 브랜드를 만들기 위한 기초 작업
: 나만의 브랜드 '콘셉트' 설정하기

　자신이 흥미를 가지고 잘할 수 있는 일을 발견하는 것이 가장 중요하다. 이는 인턴 경험 등을 통해 발견할 수 있는데, 각 경험을 할 때마다 앞서 소개한 '경험 사전'에 정리해 두는 것이 좋다. 경험 외에 자기 이해를 위한 검사 도구들을 활용하는 것도 좋은 방법이다.

　이러한 자기 이해를 바탕으로 자신이 가진 역량과 차별화 포인트를 찾아야 하는데,

이런 과정이 바로 자기 브랜드를 만들기 위한 기초 작업이라 할 수 있다. 즉 나만의 브랜드 콘셉트를 설정하는 것이다.

이어지는 제2장에서는 '나라는 브랜드를 만들기 위한 기초 작업'을 진행하면서 내가 어떤 브랜드가 될 수 있는지 살펴본 후 자기만의 브랜드 콘셉트를 설정해 보도록 한다.

2단계 자기브랜딩을 활용한 자소서 작성과 면접 준비
: '나'라는 브랜드 '표현'하기

자신이 어떤 브랜드가 될 것인지 결정했다면 이제부터 본격적으로 자신이라는 브랜드를 표현해야 한다. 본격적으로 자소서를 쓰고, 면접을 준비해야 하는 것이다.

단순히 경험만 나열된 자소서는 스펙이 아무리 좋아도 탈락될 확률이 높다. 그 회사에서 요구하는 '무언가'가 담겨 있어야 한다. 제일 중요한 건 그 직무를 잘 수행하기 위해 필요한 '역량'을 증명하는 일이다. 자소서에는 이러한 자신의 역량이 강렬한 주제문과 탄탄한 브랜드 스토리로 표현되어야 한다. 아울러 면접 역시 자소서의 내용을 바탕으로 효과적으로 준비해야 한다.

이 책의 핵심이라고 할 수 있는 자기브랜딩을 활용한 자소서 작성과 면접 준비에 대한 자세한 내용은 '제2부 자기브랜딩을 활용한 자소서 작성과 면접 준비'에서 소개하도록 한다.

3단계 취업 이후의 자기브랜딩 과정
: 나만의 '플랫폼' 구축과 영향력 확장

앞서 설명한 것처럼 100세 시대에는 끊임없이 자신의 커리어를 관리해야 한다. 사실 본격적인 진로 고민은 첫 번째 직장에 들어간 이후부터 시작된다. 직장에 들어가서도 이 일이 자기에게 맞는지 끊임없이 고민하기 때문이다. 그러나 아무런 방향성 없이 이직을 거듭하다 보면 어느새 전문성 없이 나이만 들어버린 자신을 발견할 가능성이 매우 크다.

이런 일을 막으려면 자기가 설정한 브랜드 콘셉트에 맞는 경력을 쌓아가야 한다. 이직을 하더라도 자신이 원하는 브랜드 콘셉트에 맞는 일을 찾아야 하며, 이런 경력들을 하나의 브랜드 스토리로 엮을 수 있어야 훌륭한 브랜드가 될 수 있다.

최근에는 자신을 브랜딩 하는 데 SNS가 유용하게 활용되고 있다. 이제부터는 SNS를 그저 자기 과시용으로 활용하기보다는 자신의 미래를 위한 브랜딩 도구로 전략적으로 활용할 수 있어야 한다. SNS에는 유튜브나 페이스북, 인스타그램 외에도 링크드인과 같은 취업을 위한 플랫폼도 포함된다.

우리가 착각하는 것 중의 하나는 SNS에서 자신을 표현하는 데 있어서 '글쓰기'의 역할을 과소 평가하는 것이다. 자소서에는 이에 맞는 글쓰기 방식이 있지만, 사회 생활을 하면서 자기브랜딩을 하기 위해서는 글쓰기에 대한 기본 지식을 가지고 있어야 한다.

'제3부 취업 이후의 자기브랜딩 방법'에서는 자기브랜딩을 위한 중요 수단인 글쓰기에 대해 익힌 다음 SNS를 활용한 자기브랜딩 방법에 대해 살펴본다. 이러한 과정을 거치고 나면 남들보다 빨리 자신이라는 브랜드를 구축하여 영향력 있는 삶을 살 수 있다.

한편 이 책 마지막에는 취업 이후 실제 사회 생활에서 좋은 이미지를 구축하기 위한 비즈니스 매너에 대한 Tip을 부록으로 담았다. 자소서를 잘 쓰고 SNS를 잘 활용하는 것도 중요하지만, 그보다 중요한 일이 생활 속에서 사람들에게 좋은 이미지를 형성하는 것이다. 좋은 이미지 형성을 위한 핵심만을 담았으니 반드시 끝까지 읽어 보기를!

취업은 결코 발 등에 떨어진 불을 끄는 일이 되어서는 안 된다. 100세 시대에는 보다 긴 시야로 자신의 미래를 준비해 나가야 한다. 이 책은 '자기브랜딩'이란 개념을 통해 자신의 인생 계획을 세우기 위한 책이다. 이 책을 읽는 모든 독자들이 명품 브랜드로 거듭나길 바라면서 본격적인 이야기를 시작하고자 한다.

제2장

'나'라는 브랜드를 만들기 위한
기초 작업

1. 자기 이해 : 나는 어떤 브랜드가 될 수 있는가?

　자소서는 단순히 자신에 대한 정보 전달만을 목적으로 하지 않는다. 짧은 시간 안에 채용 담당자가 자신에게 관심을 가지게 하는 동시에 자신을 채용하도록 설득하는 것이다. 따라서 자소서 상에서 나를 소개한다는 것은 '존재 드러내기'와 '관계 맺기'라고 할 수 있다.[7] 즉 자소서 작성은 채용 담당자라는 고객에게 '나'라는 브랜드를 보여주고 긍정적인 인식을 형성하여 의미 있는 관계를 맺도록 설득하는 일이다.

---

7) 권우진, 「스토리텔링을 적용한 자기소개 연구」, 『작문연구』, 13집, 255–279, 2011.

채용 담당자에게 긍정적인 인식을 갖게 하려면 내가 회사에 기여할 수 있는 점을 구체적으로 설명해야 한다. 그러기 위해서는 자기가 무엇을 할 수 있는지부터 파악해야 한다. 지금부터 자신의 강점, 흥미, 역량, 그리고 목표가 무엇인지 살펴볼 수 있는 분석 도구들을 소개하고 이러한 과정을 통해 어떤 업무를 잘 수행해 낼 수 있는지 생각해 보는 시간을 가질 것이다.

채용 담당자가 제일 싫어하는 자소서는 단순히 스펙을 나열한 자소서이다. 그런 자소서는 '광탈'을 면할 수 없다. 그러므로 앞으로 소개할 다양한 분석과 연습을 통해 자신에 대해 제대로 이해해야 자신을 제대로 표현할 수 있다. 그런 자기 성찰의 과정을 거쳐야 비로소 채용 담당자의 시선을 사로잡을 수 있다는 걸 명심하자.

생각해 보기 #1

"자소서에는 나의 어떤 모습을 보여줘야 하는 걸까?"

▶ **자신을 보는 창 : 조해리의 창 (Johari's Window)**

조해리의 창은 심리학자 조셉 러프트(Joseph Luft)와 해리 잉햄(Harry Ingham)이 1950년대에 개발한 모델로, 두 명의 개발자 이름 앞부분을 따서 조해리라는 명칭을 붙였다. 이 모델은 자아 인식(self-awareness)을 발달시켜 타인과의 커뮤니케이션에 대한 이해와 집단 내의 상호이해를 돕기 위해 자아를 자기노출(self-disclosure)정도에 따라 열린 자아(open-self), 숨겨진 자아(hidden-self), 눈 먼 자아(blind-self), 모르는 자아(unknown-self)로 구분하였다.

	자신이 아는 부분	자신이 모르는 부분
다른 사람이 아는 부분	**열린 자아** Open area	**눈 먼 자아** Blind area
다른 사람이 모르는 부분	**숨겨진 자아** Hidden area	**모르는 자아** Unknown area

열린 자아는 굳이 노출하지 않아도 사람들이 쉽게 알 수 있는 자아로, 의식적으로 하는 말과 행동, 성별, 나이, 외모, 학교, 직업 등으로 파악되는 자아이다. 열린 자아에 대해서는 자신도 알고 타인도 알고 있다. 숨겨진 자아는 자신은 알지만 타인은 모르는 자아이고, 눈먼 자아는 타인은 알고 있으나 정작 자신은 모르는 나의 모습이다. 주로 친한 지인의 이야기를 통해 새롭게 나의 성격을 발견하는 경우가 여기에 해당한다. 네 번째, 모르는 자아는 자신은 물론 남들도 알 수 없는 미지의 영역이다.

네 가지 영역에서 자소서의 대상이 되는 영역은 숨겨진 자아이다. 자소서에서는 타인이 잘 모르는 나의 가치와 강점 등을 보여주어야 한다. 모르는 자아도 소개의 대상이 된다. 자신도 모르는 자아를 타인에게 소개한다는 것이 불가능해 보일 수 있지만, 자기성찰을 통해 그동안 알지 못했던 자신의 가능성과 잠재력을 발굴하는 것도 필요하다.

이러한 자기 성찰 과정은 장차 자신이 어떤 브랜드가 될 수 있는지 알 수 있는 첫 단계이기도 하다. 그럼 지금부터 지원 업무와 관련된 나만의 강점, 흥미, 역량에 대해 알아보도록 하자.

1) 나의 강점

강점이란 어떤 일을 일관되게 성공적으로 처리하는 능력으로, 상황의 영향을 크게 받지 않고 반복적으로 역할 수행에서 좋은 성과를 내게 한다.[8] 자신에게는 특별한 강점이 없다고 생각할 수 있으나 이 세상에 강점 없는 사람은 없다. 다만 자신의 강점이 무엇인지 모르는 사람이 있을 뿐이다. 특별한 강점이 없다고 생각하는 것은 강점 발견을 소홀히 하거나, 일상에서 발휘되는 강점을 당연한 것으로 보고 소중하게 여기지 않았기 때문이다.[9]

---

8) Buckingham, M. & Clifton, D., Now, discover your strengths, 2001, 박정숙 (역). 『위대한 나의 발견, 강점 혁명』, 청림출판, 2014.
9) Buckingham, M. & Clifton, D., Now, discover your strengths, 2001, 박정숙 (역), 『위대한 나의 발견, 강점 혁명』, 청림출판, 2017.

버킹엄과 클리프턴(Buckingham & Clifton)의 〈위대한 나의 발견, 강점 혁명〉에 따르면 강점은 지식과 기술 그리고 재능을 통해서 파악되는데 이 중 가장 중요한 요소는 재능이다. 재능이란 태어날 때부터 가지고 있는 특별한 능력이나 소질로, 자신도 모르게 발휘되며 발휘할 때 기분이 좋아진다. 재능을 발견하는 가장 핵심적인 수단은 만족감이다. 다시 말해 자신의 행동과 성과에 대해서 만족감을 느끼고 "언제 또 이 일을 하게 될까?"라는 기대가 있다면 재능이 있는 것이고, 그것이 나의 강점이라는 것이다.

자신의 강점이 무엇인지 파악하는 방법에는 생애 분석, DNA 코드 분석, 몰입경험 분석, 피드백 분석, 검사 도구 이용 등 다양한 방법이 있다.[10]

- 생애 분석 : 내 삶에서 가장 빛났던 때와 어두웠던 때, 그리고 그 이유를 찾아보며 나의 강점을 찾아보는 방법
- DNA 코드 분석 : 유전적 유산을 자기 이해의 중요한 단서라고 보고 가족 혹은 부모님의 모습에서 자신의 장단점과 기질적 특성을 확인하는 방법
- 몰입경험 분석 : 자신도 모르게 몰입하는 경험으로부터 그 일을 좋아하고 재능이 있다는 것을 확인하는 방법. 단 자아 성장 없는 몰입은 쾌락추구의 중독
- 피드백 분석: 탁월한 성과로부터 강점을 발견하는 방법
- 검사도구: MBTI(Myers-Briggs Type Indicator), 에니어그램(Enneagram), 스트렝스파인더(StrengthsFinder), 버크만 진단(Birkman Method)과 같이 공인된 검사를 이용하는 방법

이 외에도 나의 강점을 파악하기 위한 방법으로 강점 인터뷰가 있다. 강점 인터뷰는 김주환의 〈회복 탄력성〉에서 제안한 방법으로, 첫 번째 단계는 자신의 대표 강점에 대해 생각해 보고, 이를 발휘한 구체적인 경험들을 떠올려 보는 것이다.[11] 그리고 가급적 서로 잘 모르는 사람끼리 2인 1조로, 서로의 강점에 대해 인터뷰한다. 질문을 받은 사람은 자기가 생각하는 자신의 강점 혹은 뛰어난 면을 구체적 사례와 함께 3개 이상 상

---

10) 구본형변화경영연구소, 『나는 무엇을 잘 할 수 있는가』, 고즈윈, 2008.
11) 김주환, 『회복탄력성』, 위즈덤하우스, 2011.

대방에게 이야기하고 질문을 한 사람은 종이 위에 상대방이 말하는 강점을 적는다. 다 적은 후에는 역할을 바꾸어 진행한다.

두 사람의 인터뷰가 완료되면 두 사람이 함께 일어나 다른 팀에게 자기가 인터뷰한 사람을 간략히 소개한 다음 인터뷰 내용을 읽어준다. 이 발표는 상대의 강점에 대해 발표하는 것이다. 자신의 강점에 대해 옆 사람이 발표할 때 기분 좋고 뿌듯한 감정을 느끼는 항목이 있다면, 그것이 나의 강점이다.

마지막으로 나의 강점에 대해 다음의 질문들을 던져 진정한 장점인지를 판별한다. 질문에 예라고 답한 강점이 있다면 무엇인지 정리한다.

- "아, 이건 정말 나의 강점이야, 이게 바로 나야" 하는 생각이 드는가?
- 강점을 발휘한다고 상상했을 때 기분이 좋아지는가?
- 처음에 몇 번 연습하고 훈련하면 급격히 빨리 배우고 익숙해질 것 같은가?
- 강점을 실제로 발휘해보고 싶다는 생각이 드는가?
- 강점을 수행했을 때 지치고 힘들다기보다는 오히려 힘이 더 솟을 것 같은가?

강점은 때와 장소가 바뀌어도 변하지 않고 계속 유지되는 개인의 성향이고, 그 자체로서 가치가 있다.[12] 그리고 자신의 강점 발휘는 주변 사람들에게 좋은 영향을 끼치므로 자소서에 제시하는 나의 강점은 어떤 방식으로든 지원 회사에 기여할 수 있어야 한다. 나의 강점이 주변에 별다른 영향을 미치지 못한다면 그것은 진정한 강점이 아니다. 다양한 강점 파악 방법을 통해 나 자신과 지원 회사에 도움이 되는 강점이 무엇인지 파악한다.

---

12) 김주환, 『회복탄력성』, 위즈덤하우스, 2011.

자소서에 나의 단점도 써야 한다면?

자소서에서 단점에 대해서도 써야 할 때가 있다. 많은 지원자들이 인사 담당자에게 좋은 모습만 보이고 싶은 마음에 "집중력이 너무 강해 한 번 집중하면 다른 일에 잘 신경 쓰지 못한다"와 같이 강점 같은 단점을 쓰는 실수를 한다. 이런 식의 답변은 자신의 단점을 제대로 모르는, 혹은 솔직하지 못하다는 평가를 받을 뿐이다.

인사 담당자가 단점에 대해 질문하는 것은 지원자를 다각적으로 이해하기 위해서이다. 누구에게나 단점이 있기 때문에 자신의 단점을 솔직히 답변하되, 아래의 주의 사항들을 지켜야 한다.
가장 주의할 점은 자신의 단점이라고 쓴 내용들이 자신이 지원한 직무를 수행하는 데 있어서 결정적 장애 요인이 되지 않아야 한다는 점이다. 예를 들어 회계 업무에 지원했는데 꼼꼼하지 못하다는 점은 결정적인 단점이 된다. 따라서 솔직하게 답변하되 업무 수행에 방해가 되지 않는 단점을 적어야 한다.

두 번째 주의사항은 자기 모순에 빠지지 않는 것이다. 자신의 강점과 단점 사이에 모순이 없어야 한다는 말이다. 가령 장점을 "계획을 세워 잘 실천한다"라고 했는데, 단점은 "행동이 느리다"라고 한다면 채용 담당자는 지원자의 강점에 대해서도 의심할 수밖에 없다. 이런 경우에는"말수가 적다"와 같이 계획성을 발휘하는 데 크게 방해가 되지 않는 단점을 적어야 한다. 한편 말수가 적은 특성은 영업직이나 강사 직종에서는 치명적인 단점이 될 수 있다. 이처럼 자신의 강점을 먼저 파악하고 그 강점을 발휘하는 데 무관한 단점을 선정해서 작성하도록 한다.

세 번째는 개선 노력을 구체적으로 적어야 한다는 점이다. 자소서에서 지원자의 단점을 굳이 물어보는 이유는 단점을 극복하기 위해서 어떤 노력을 했는지 알고 싶어서이다. 이것은 입사 후에 지원자가 문제해결을 잘 할 수 있는지 살펴보기 위한 것이기도 한다. 그러므로 자소서에 자신의 단점을 솔직하게 쓰되 그 단점을 극복하기 위해 자신이 어떤 노력을 기울였으며 어떻게 개선이 되었는지 구체적으로 작성한다면 긍정적인 인상을 심어줄 수가 있다.
예컨데 말수가 적은 걸 단점으로 적은 지원자가 영업 직군에 지원했다고 했을 때, 사람들과 친해지기 위해서 다양한 동아리 경험을 했으며, 사람들과의 원활한 대화를 위해 다양한 책을 읽고 공부했다는 점을 강조하면 좋은 점수를 받을 수 있다.

참고로, 단점에 관한 에피소드들은 면접에서의 단골 질문 사항이므로 면접 전에 반드시 구체적인 답변을 준비해야 한다.

─ 연/습/문/제 ─

자소서에 자신의 강점을 부각시키기 위해서 자신만의 강점을 파악하고, 이를 표현할 수 있어야 합니다. 다음 문항을 읽고 각 문항별로 자신에게 해당하는 정도에 V 표시합니다. 표시한 내용들을 참고하여 자신의 장점에 대해 생각해봅니다.

구분	특성	내용	그렇지 않다	보통	그렇다
인지적 강점	창의성	새롭고 참신하며 생산적인 방식으로 생각하는 독창적인 능력			
	호기심	다양한 현상에 대해서 흥미를 느끼고 좀 더 자세하게 탐색하는 개방적인 태도			
	합리성	어떤 주제나 현상을 다양한 측면에서 냉철하게 생각하고 객관적으로 검토하는 능력			
	학구열	새로운 지식이나 기술을 배우고 숙달하려는 학구적 태도			
	지혜	어떤 문제 상황을 전체적인 관점에서 파악하고 최선의 해결책을 찾아내는 능력			
성취적 강점	용감성	위험, 도전, 난관에 위축되지 않고 자신의 신념에 따라 행동하는 능력			
	끈기	근면하게 노력하여 시작한 일을 완성하여 계획된 행동을 인내심 있게 지속하는 능력			
	진실성	자신을 거짓 없이 드러내고 솔직하게 행동하며 자신의 감정과 행동에 책임을 지는 태도			
	열정	어떤 일이든 활기차게 추진하는 의욕적이고 적극적인 태도			
대인적 강점	친밀성	다른 사람과의 친밀한 관계를 소중히 여기고 깊이 있는 애정을 주고받는 능력			
	이타성	다른 사람에게 도움을 주고 친절한 행동을 하는 능력			
	사회성	다른 사람의 동기와 감정을 예민하게 포착하여 적절하게 행동하며 다양한 대인관계 상황에서 효과적으로 대응하는 사회적 능력			
사회적 강점	협동성	조직 속에서 자신에게 주어진 임무와 역할을 인식하고 책임감 있게 행동하는 능력			
	공정성	편향된 개인감정의 개입 없이 모든 사람을 동등하게 대하며 공평한 기회를 부여하는 태도			
	리더십	집단 활동을 조직하고 효과적으로 지휘하며 관리하는 능력			
중용적 강점	관대성	잘못을 행한 사람을 용서하고 다시 기회를 주며 앙심을 품지 않는 너그러운 태도			
	겸손	자신이 이룬 성취에 대해서 과장된 허세를 부리지 않고 다른 사람의 주목을 구하지 않는 겸허한 태도			
	신중성	조심스럽게 행동함으로써 불필요한 위험이나 후회할 일을 초래하지 않는 능력			
	자기조절	다양한 충동, 욕구, 감정, 행동을 적절하게 조절하고 통제하는 능력			
초월적 강점	감상력	세상의 다양한 영역으로부터 아름다움과 탁월함을 섬세하게 인식하는 능력			
	감사	자신의 삶에 대해서 긍정적인 면은 잘 알아차리고 표현하는 능력			
	낙관성	미래를 긍정적으로 바라보고 희망 속에서 최선을 예상하며 그것을 성취하기 위해 노력하는 태도			
	유머감각	유쾌한 즐거움을 주며 타인에게 웃음을 선사하는 능력			
	종교성	인생의 궁극적인 의미와 목적을 추구하며 일관된 종교적 신념을 가지고 살아가는 태도			

2) 나의 흥미

흥미는 어떤 일에 대해 관심을 갖고 이끌리는 감정으로, 자소서를 작성할 때에 나의 흥미를 파악하는 것은 강점 파악만큼이나 중요하다. 다시 한 번 강조하지만, 취업 이후에도 긴 시간 동안 경제 활동을 해야 하므로 자신이 좋아하는 일을 발견하는 일은 무엇보다 중요하다.

그 길고 긴 여정의 첫 관문인 자소서에서 내가 무엇을 좋아하고 싫어하는지에 대한 깊은 고민이 없다면 합격도 어렵고, 합격한다 하더라도 취업 이후의 여정은 힘들고 지겨운 시간이 되어버린다. 이런 슬픈 일을 피하려면 자신의 흥미가 무엇인지 파악해야 한다.

자소서를 작성하기에 앞서 자신의 직업 흥미(vocational interest)에 대해 알아본다. 직업 흥미란 직업과 관련하여 어떤 행동들을 좋아하는가, 싫어하는가, 혹은 관심이 없는가에 대한 패턴이다.[13] 직업 흥미는 직업 만족도를 결정하는 중요한 요인이고 흥미에 맞는 직업을 선택하는 것은 개인의 삶에 대한 만족감에도 지대한 영향을 미친다. 좋은 자소서 작성뿐만 아니라 삶의 질을 위해서도 직업 흥미를 파악하는 것은 중요하다.

직업 흥미는 홀랜드(Holland)의 직업 흥미 이론을 토대로 파악할 수 있다. 홀랜드는 직업 흥미 이론을 통해 직업 흥미를 여섯 개의 기본적인 성격유형으로 분류하였다. 구체적으로 여섯 가지 직업 흥미 유형은 **실재형(Realistic), 탐구형(Investigative), 예술형(Artistic), 사회형(Social), 진취형(Enterprising), 관습형(Conventional)**이다.

---

13) 김희정, 「한국 대학생을 위한 Holland 직업흥미모델의 적용성에 관한 연구」, 『상담학 연구』, 8권 2호, 603-619, 2007.

첫째, 실재형(R)은 활동적이며 신체활동을 선호하는 성격유형이다. 사물이나 기계를 다루고 조작하는 것을 좋아하고 규칙적이고 체계적인 행동양식을 선호하는 편이다.

둘째, 탐구형(I)은 현상을 비판적이고 분석적으로 관찰하는 것을 좋아하는 성격유형이다. 학문적 재능이 있고 체계적이고 창조적으로 탐구하는 활동에 흥미가 있다. 독립적 태도로 자료를 분석하고 현상에 대한 결론을 내리고 문제를 해결하는 방식의 일을 선호한다.

셋째, 예술형(A)은 창의적 아이디어나 감정을 표현하는 능력이 있으며 창의적이고 변화를 추구하는 일을 좋아하는 유형이다. 틀에 맞춰진 일을 별로 좋아하지 않는다. 창의적이고 유연한 사고를 즐기며 상상력이 풍부하고 아름다움을 추구하는 경향이 강하다.

넷째, 사회형(S)은 사람들과 교류하고 협력하는 일을 좋아하고 공감적이고 대인관계 기술이 뛰어나다. 타인의 문제를 듣고 공감하고, 도와주고, 가르쳐주고, 지원해주는 것을 선호하는 성격유형이다. 사람과 사람 사이의 관계에 주목하는 경향이 강하고 이타적이며 배려심이 깊은 인물로 평가를 받는다.

다섯째, 진취형(E)은 목표를 정하고 성취하도록 이끄는 활동을 좋아하며 자신이 기획하고 목표 설정한 것을 실행시키는 능력이 있는 유형이다. 다른 사람들을 설득하거나 협상을 하거나 지도, 계획, 통제, 관리하는 일에 능숙하며 타인에게 영향력을 발휘하는 일을 하고 싶어 한다.

마지막으로, 관습형(C)은 조직적이고 규칙적인 시스템 안에서 안정적이고 체계적인 일을 선호한다. 시스템에 적응하며 규칙에 맞게 성실하게 일하며 자료의 체계적인 정리와 조직하는 일을 좋아한다.

홀랜드는 여섯 가지 직업 흥미 유형 간의 관계가 일정한 순서와 거리를 두고 배열되어 있다고 주장하며 다음과 같은 육각형 모델을 제시하였다.

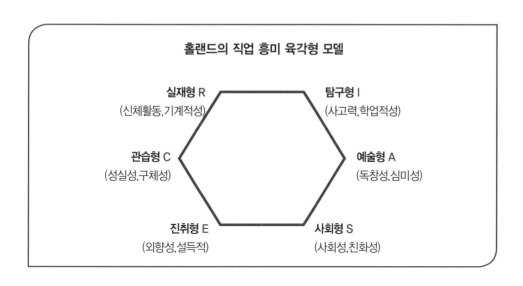

홀랜드의 직업 흥미 육각형 모델

실재형 R
(신체활동,기계적성)

탐구형 I
(사고력,학업적성)

관습형 C
(성실성,구체성)

예술형 A
(독창성,심미성)

진취형 E
(외향성,설득적)

사회형 S
(사회성,친화성)

연/습/문/제

다음은 홀랜드의 6가지 유형의 직업 흥미와 관련된 예시 문항들입니다. 각 문항에 대해 자신의 흥미 정도와 일치하는 부분에 V 표시합니다. 표시한 내용들을 참고하여 자신의 직업 흥미 유형을 파악합니다.

	문항	싫다 1	보통 2	좋다 3
1	무언가를 만들고 조립한다.			
2	도구나 연장을 다룬다.			
3	컴퓨터 조립 혹은 프로그램 설치를 한다.			
4	전자제품을 고친다.			
5	새로운 정보를 알게 된다.			
6	어떤 현상이나 문제를 연구한다.			
7	분석하고 추론한다.			
8	전문 서적을 읽는다.			
9	공연이나 전시회 등에 간다.			
10	시, 소설을 쓰거나 읽는다.			
11	나만의 방식으로 창조적인 일을 한다.			

12	창작 활동을 한다.			
13	사람들의 문제나 갈등을 해결하도록 돕는다.			
14	다른 사람들의 활동을 지지한다.			
15	사람들을 새로이 사귄다.			
16	사람들을 교육, 봉사를 통해 개선시킨다.			
17	목표를 설정하고 추진한다.			
18	조직의 중요한 의사결정을 한다.			
19	사람들을 이끌고 영향력을 미친다.			
20	사람들을 설득, 관리한다.			
21	계획을 세운다.			
22	노트나 문서를 깔끔하게 작성한다.			
23	규칙에 따라 정해진 일을 한다.			
24	자료를 분류하고 정리한다.			

위 문항의 점수를 아래 표에 정리한 후 합산해봅니다. 점수가 높은 유형이 자신의 직업흥미를 의미합니다.

구분	나의 점수				합계
실재형	1	2	3	4	
탐구형	5	6	7	8	
예술형	9	10	11	12	
사회형	13	14	15	16	
진취형	17	18	19	20	
관습형	21	22	23	24	

* 위 문항은 홀랜드 검사의 일부분을 발췌하여 수정, 변형한 것입니다. 워크넷(https://www.work.go.kr/)에 접속하면 무료로 정식 검사(직업선호도검사) 및 검사 결과를 받을 수 있습니다.

자신의 흥미 유형을 파악하였다면, 이와 관련된 직업은 무엇인지 아래의 〈직업 분류표〉에서 찾아보며 자신의 흥미 분야를 구체화한다.

직업 분류표

1차 분류	2차 분류
경영·회계·사무	기업고위임원(CEO) /노무사 / 경영 및 진단전문가/ 회계사 / 세무사 / 관세사/ 감정평가전문가 / 광고 및 홍보전문가 / 상품기획전문가 / 조사전문가 / 행사기획자 / 경영지원사무원/ 생산 관련 사무원/ 무역사무원 / 운송사무원 / 회계 및 경리사무원 / 안내 및 접수사무원/ 비서
금융·보험	투자 및 신용분석가 / 자산운용가 / 보험 및 금융상품개발자 / 증권 및 외환딜러 / 손해사정사 /금융 및 보험관련사무원 / 보험 관련 영업원
교육 및 연구	대학교수 / 생명과학연구원 /인문과학연구원 / 사회과학연구원 / 중등학교교사 / 초등학교교사 / 특수학교교사 / 유치원교사/학원강사 및 학습지교사
법률·경찰·소방	판사 및 검사 / 변호사 / 법무사 / 변리사/ 법률 관련 사무원 / 경찰관 / 소방관 / 소년보호관 및 교도관
보건·의료	의사 / 한의사 / 치과의사 / 수의사 / 약사 및 한약사 / 간호사 / 치과위생사 / 물리 및 작업치료사 / 임상심리사 / 임상병리사 / 방사선사 / 치과기공사 / 안경사 / 영양사 / 보건의료정보관리사 / 응급구조사 / 간호조무사 / 간병인
사회복지	사회복지사 / 상담전문가 및 청소년지도사 / 직업상담사 및 취업알선원 / 시민단체활동가 / 보육교사
문화·예술	작가 / 번역가 / 통역사 / 출판물전문가 / 큐레이터 및 문화재 보존원 / 사서 및 기록물관리사/ 기자 / 미술가 / 사진가 / 만화가 및 애니메이터/ 국악인 및 전통예능인 / 음악가 / 대중가수 및 성악가 / 무용가 및 안무가
디자인 및 방송	제품디자이너 / 패션디자이너 / 인테리어디자이너 / 시각디자이너 / 웹 및 멀티미디어디자이너 / 캐드원(제도사)/ 감독 및 연출자 / 배우 및 모델 / 아나운서 및 리포터 / 영화·연극 및 방송제작 장비기사 / 연예인 및 스포츠매니저
운전 및 운송	항공기조종사 / 선장, 항해사 및 도선사 / 관제사 / 철도 및 전동차기관사 / 택시 운전원/ 버스 운전원 / 화물차 및 특수차 운전원 / 물품이동장비조작원(크레인 및 지게차운전원) / 택배원

영업 및 판매	영업원 / 상품중개인 및 경매사 / 부동산중개인(부동산중개사)/ 상품판매원 / 텔레마케터 / 계산원 및 매표원 / 홍보도우미 및 판촉원
경비·미용 및 개인서비스	경호원 / 청원경찰 / 경비원 / 청소원 및 가사도우미 / 세탁원 / 이용사 및 미용사 / 피부미용사 및 체형관리사 / 메이크업아티스트 및 분장사 / 애완동물미용사 / 결혼상담원 및 웨딩플래너 / 장례 지도사 / 여행서비스 관련 종사자/ 항공기객실승무원 / 경기감독 및 코치 / 직업운동선수 / 스포츠 및 레크리에이션강사
건설	건축가(건축사)/ 건축공학기술자 / 토목공학기술자 / 조경기술자 / 도시계획가 및 교통전문가 / 측량 및 지리정보전문가 / 철골공 / 철근공 및 콘크리트공 / 조적공 및 석공 / 건축목공 및 한식목공 / 미장공, 방수공 및 타일공 / 단열공(보온공) / 도배공 및 유리부착원 / 배관공/ 건설기계운전원 / 단순노무종사원
기계·재료	기계공학기술자/ 기계장비설치 및 정비원 / 운송장비정비원 / 자동차정비원 / 금형원 및 공작기계조작원 / 냉난방 관련 설비조작원 / 자동차 및 자동차부분품조립원 / 제조·생산조립원 / 재료공학기술자 / 판금원 및 제관원 / 단조원 / 주조원 / 용접원 / 도장원 및 도금원 / 금속가공장치조작원 / 비금속광물가공장치조작원
전기·전자·정보통신	전기공학기술자 / 전자공학기술자 / 전공 / 전기 및 전자기기설치수리원 / 전기 및 전자설비조작원 / 컴퓨터하드웨어기술자 및 연구원 / 통신공학기술자 및 연구원 / 컴퓨터시스템설계 및 분석가 / 네트워크시스템개발자 / 컴퓨터보안전문가 / 시스템소프트웨어개발자 / 응용소프트웨어개발자 / 웹 및 멀티미디어기획자 / 데이터베이스개발자 / 정보시스템운영자 / 통신장비 및 방송송출장비기사 / 방송 및 통신장비설치수리원
음식서비스 및 식품가공	주방장 및 조리사 / 바텐더 / 식품공학기술자 및 연구원/ 제과·제빵사 / 식품가공 관련 기능종사자 / 식품제조기계조작원
화학·섬유·환경 및 공예	화학공학기술자 / 석유화학물 가공장치 조작원 / 섬유공학기술자 / 의복제조원 및 수선원 / 환경공학기술자 / 환경 관련 장치조작원 / 에너지공학기술자 / 비파괴검사원/ 산업안전 및 위험관리원 / 인쇄 및 사진현상관련 조작원 / 공예원 / 귀금속 및 보석세공원 / 악기제조원 및 조율사 / 간판제작 및 설치원
농림어업	농림어업기술자 / 작물재배 종사자 / 낙농 및 사육 종사자 / 임업 종사자 / 어업 종사자

※ 출처: 한국고용정보원 〈2019 한국 직업 전망〉

3) 나의 역량

취업 시장에서 직무 역량의 중요성은 점점 강조되고 있으므로 자소서에서 자신의 역량이 무엇인지 구체적이고 명확하게 보여주어야 한다. 지원 분야의 업무와 연관된 자신의 역량을 파악하기 위해서는 역량의 의미와 유형에 대한 이해가 선행되어야 한다.

'역량'이란 구체적인 과제 수행에서 좋은 성과를 가능하게 하는 개인의 특질(traits), 기술, 지식 등의 특성 또는 이들의 집합체로 과제나 역할을 수행하는 데 필요한 능력을 의미한다.[14] 역량은 성장 정도와 성패를 반영하고 있어 직무 성공 여부에 중요한 영향을 미친다.

역량의 유형은 분류 기준에 따라 조금씩 차이가 있을 수 있지만, 일반적으로 대인관계 역량, 업무수행 역량, 성과지향 역량 등으로 구분된다.[15]

- 대인관계 역량 : 장기적인 관점에서 상대방과 우호적인 관계를 형성하고 이를 유지하는 능력이다. 대인관계 역량이 높은 사람은 우호적인 분위기에서 자신의 생각을 구체적이고 명확하게 전달하고 상대방의 의견을 경청하여 도움을 주거나 감정을 이해하며 갈등상황을 해결할 수 있다.
- 업무수행 역량 : 주어진 업무를 정확하게 진행하고 문제가 발생하더라도 문제의 본질을 파악하여 구체적 방안을 제시하며 신속하게 대처하며 일을 추진하는 능력이다. 고객의 요구가 무엇인지 파악하며 고객의 입장에서 업무를 처리하는 능력도 해당된다.
- 성과 관리 역량 : 명확한 목표와 방향을 설정하고, 자신이 세운 목표를 달성하기 위해 여러 인적, 물적 자원을 활용할 줄 알고 목표를 수정해야 할 때는 올바른 의사결정을 할 수 있는 능력이다. 성과관리 역량이 높으면 자신의 역할에 충실할 뿐

---

14) Spencer, L., & Spencer, S., 『Competence at work: Models for superior performance』, Wiley, 1993.
15) 이선구, 『역량평가 역량면접』, 리드리드, 2015.

아니라 동료들에게 협력하고 그들의 능력을 키워주며 개인 목표와 조직의 목표를 달성할 수 있다.

　자신의 역량이 무엇인지 파악한 후에는 그 역량을 발휘한 구체적인 경험을 떠올린다. 만약 역량 관련 경험이 없고 역량을 행동으로 표현할 수 없다면 그것은 나의 역량이라 할 수 없다. 역량은 추구하는 이상적인 가치나 보유 능력이 아니라, 발휘할 수 있거나 실천할 수 있는 능력으로 직접 행동하여 성과를 낸 실제적인 능력이다.[16] 역량은 실제 행동으로 옮긴 경험을 통해 증명되므로 자소서에 역량을 제시할 때에는 실제적인 성과를 이룬 경험적 행동을 함께 보여야 한다.

연/습/문/제

다음은 역량 유형을 요약한 표입니다. 자신이 실제 능력을 발휘하여 성과를 얻은 구체적인 경험이 있는 역량 항목에 ∨ 표시 합니다.

역량 유형		내용	성과경험 여부
대인관계 역량	팀워크	지향 팀의 일원임을 인식하여 팀 목표달성을 위해 동료들과 자발적으로 협력한다.	
	프리젠테이션 스킬	나의 의견, 제안을 사람들에게 효과적으로 발표하고 동의를 이끌어낸다.	
	협상 설득력	상대방을 설득하여 기대하는 결과나 상호이익이 되는 합의를 이끌어낸다.	
	리더십	공동의 목표달성을 위해 구성원을 동기부여하고 지도, 지원하여 이끌어 갈 수 있다.	
	의사소통 능력	상대방의 말을 경청하여 정확히 이해하고 자신의 의사를 명확히 전달할 수 있다.	
	대인관계력	평소 원만한 인간관계를 형성하고 필요시 상대방의 협조를 이끌어 낼 수 있다.	
업무수행 역량	상황 대처 능력	돌발 상황이나 불확실한 환경에 당황하지 않고 신속하고 적절하게 대처한다.	
	전략적 사고 능력	외부동향과 내부특성을 파악하여 목표달성을 위한 최적의 방안을 도출한다.	
	고객지향	고객의 입장에서 생각하고 요구에 적절히 대응하여 고객을 만족시킨다.	
	국제감각, 어학능력	세계를 무대로 일할 수 있는 국제감각이 있으며 외국인과 의사소통이 가능하다.	

---

16) 이선구, 『역량평가 역량면접』, 리드리드, 2015.

성과관리 역량	목표성취 지향	일의 목표를 세우고 이를 지속 관리, 노력하여 성취해 낸다.	
	정보수집, 활용력	일을 처리하는 데 필요한 정보를 수집, 가공하여 이를 효과적으로 활용한다.	
	IT활용 능력	컴퓨터,IT를 활용하여 일을 효율적으로 처리한다.	
	문제해결력	발생한(또는 예상되는)문제의 본질과 원인을 파악하고 이를 해결한다.	
	의사결정력	문제를 판단하고 쓸 수 있는 자원을 선택하여 올바른 결정을 적시에 내린다.	
	계획,조직화	일하기 전에 활동계획을 세우고 필요한 인적,물적 자원을 조직화(구성)한다.	
자기기반 역량	도전정신	도전적 목표를 설정하고 열정적으로 추진하며, 실패를 두려워하지 않는다.	
	유연성, 창의력	환경변화에 유연하게 대처하고 새로운 아이디어로 성과에 기여한다.	
	진취성	적극적 사고와 자신감으로 새로운 기회를 찾아내고 주도적으로 일을 추진한다.	
	분석력	모호한 현상, 문제에 대해 정보를 분석하고 논리적으로 추론하여 구체화한다.	
	자기개발	보다 나은 성과와 발전을 위해 꾸준히 학습하고 스스로를 개발한다.	
	신의, 성실성	매사 성실, 정직한 편으로 남에게 신뢰감을 주며 맡은 일은 꼼꼼하게 마무리 짓는다	

출처: 잡이룸 홈페이지 (www.joberum.com)

위에서 V 표시한 나의 역량 가운데 핵심 역량 두 개를 선정하여 아래 빈 칸에 적고 이를 발휘한 경험을 간략히 적습니다.

나의 역량1 : _____

_____

_____

역량 발휘 경험 : _____

_____

_____

_____

_____

_____

_____

나의 역량2 : _____

_____

_____

_____

_____

역량 발휘 경험 : _____

_____

_____

_____

_____

_____

2. 지원 회사에 대한 이해 : 나와 맞는 회사는 어떤 회사인가?

자소서를 제출하는 회사에 대한 이해는 나에 대한 이해 만큼이나 중요하다. 오히려 나에 대한 이해보다 지원 회사에 대한 이해가 더 중요하다고도 할 수 있는데 그 이유는 다음과 같다.

첫째, 업무나 회사에 대해 제대로 알고 있어야 서류 전형을 통과할 수 있다. 회사에 대해 철저하게 조사하여 분석한 지원자들이 많은 상황에서 인사 담당자는 회사의 기본적인 정보도 조사하지 않은 지원자를 절대로 합격시키지 않는다. 거기다 지원하는 회사가 원하는 것이 무엇인지 모르는 상황에서는 충실한 자소서를 작성할 수가 없다. 결국 (지원 회사에 대해) 아는 만큼 합격 가능성도 높아진다는 점을 명심하자.

둘째, 자신을 위해서도 지원 회사에 대해 꼼꼼하게 알아보고 지원 회사가 나와 맞는지 확인해야 한다. 취업난이 심각한 상황에서 지원자들은 합격만 시켜준다면 열심히 일하겠다고 생각하지만, 합격 이후에 내가 하게 될 일이나 환경이 나에게 맞는지, 의미를 갖고 일할 수 있는지 구체적으로 그려봐야 한다. 다른 사람의 기준에서 좋은 회사라고 해도 본인과 맞지 않으면 만족도와 성과가 낮고 결국 퇴사를 생각하게 된다. 그러므로 자신의 역량을 제대로 발휘할 수 있고 회사에서 내가 성장할 수 있는지를 파악하는 것은 매우 중요하다.

1) 회사에 대한 기본적인 정보 수집

회사에 대한 정보는 홈페이지 검색을 통해 얻을 수 있다. 대부분의 회사는 홈페이지를 통해 많은 정보를 공개하고 있다. 회사에 대한 소개, 인재상, 채용에 대한 모든 정보를 빠짐없이 확인해야 한다. 홈페이지만 봤어도 알 수 있는 내용조차 몰라 자소서에 틀린 이야기를 써놓는 경우가 생각보다 많다. 공채 시즌에 채용이 한꺼번에 몰리는 우리나라의 특성상 여러 회사에 일단 지원해 보는 이른바 '묻지마 지원'이 많아질 수밖에 없다. 그러나 이런 '묻지마 지원자'는 첫 번째 탈락 대상임을 명심하자.

기본적으로 회사의 성장 과정, 주력 사업 분야, 개척 분야, 해외 진출 현황 등을 파악하고, 근무 지역이나 근무 시간, 업무에 대한 정보도 수집한다. 가장 주목해야 할 정보는 인재상 정보이다. 회사가 제시하는 인재상은 무엇이고 회자의 비전에 맞는 인재상이나 요구하는 능력은 무엇인지를 알아야 한다.

지원 회사의 홈페이지를 꼼꼼하게 살펴보고 정보를 수집하는 것은 최소한의 입사 준비이다. 회사 홈페이지에 제시된 정보는 누구나 확인할 수 있기에 무조건 파악해야 하는 '기본 정보'이다. 매출 실적, 주가와 같은 일반적이거나 계량화된 정보뿐만 아니라 기사 검색을 하여 경영철학, 전망을 파악하고 기업의 문화나 분위기에 대한 정보까지 수집해야 한다.

기존 사원들의 장기근속 여부, 야간 혹은 휴일 근무 여부, 전망 등 홈페이지에 제시되지는 않지만, 근무 만족도를 결정하는 사항들에 대해 알고 싶다면 자신이 가고 싶은 회사에 재직 중인 사람을 직접 만나 보는 것이 가장 확실한 방법이다. 주변에 그 회사에 다니는 사람을 만나는 것이 어렵다면 선배, 가족, 친척, 지인 등을 통해 유사 업종에 근무하는 사람들을 소개받아 지원 분야에 대한 정보를 얻을 수 있다. 사람을 통해 정보를 얻는 게 힘들다면 잡플래닛(Jobplanet)이나 링크드인(Linkedin) 등의 채용 SNS 상에서 지원 기업에 대한 리뷰를 보는 것도 좋은 방법이다. 그러나 이런 곳에서의 평가는 리뷰 작성자의 개인적 경험이나 주관에 따라 의견이 상반된 경우도 있으므로 잘 살펴봐야 한다.

참고로, 지원 기업의 경영 실적이나 중요 사항에 대해 알고 싶다면 금융감독원에서 운영하는 '전자공시시스템'(DART, http://dart.fss.or.kr/)에 방문해 보길 적극 권한다. DART는 기업의 투자자나 채권자들이 기업에 대한 중요 정보를 손쉽게 얻을 수 있도록 공시하는 곳이다. 회계 등 경영학을 전공하는 학생들에게는 익숙한 곳이기도 하지만, 경영학 지식이 없더라도 이해할 수 있는 자료들이 많으므로 꼭 방문해보도록 하자. DART는 기업의 해외 투자, 조직이나 자금의 변경 등 중요한 정보들을 가장 쉽고 정확하게 접할 수 있는 곳이다.

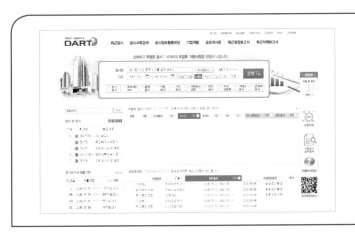

전자공시 시스템 홈페이지 : 전자공시 시스템은 지원 기업의 중요 정보를 손쉽게 얻을 수 있는 곳이다. 경영에 대한 전문적인 지식이 없더라도 이해할 수 있는 정보들이 있으니 자소서 작성이나 면접을 준비할 때 반드시 방문해서 정보를 검색해 봐야 한다.

2) 직무 분석

자소서를 작성할 때에는 직무에서 요구하는 역량과 직무에 대해서 구체적으로 이해해야 한다. 앞에서 설명한 것처럼 갈수록 직무에 대한 중요성이 커지고 있어 지원하는 직무에 대한 분석 없이 자신의 역량만 강조하는 자소서로는 합격이 어렵다.

예를 들어, 항공사 승무원 지원자들 중에 아르바이트 경험 등을 제시하며 친절한 서비스를 자신의 업무 역량으로 강조하는 경우가 있는데, 승무원에게 요구되는 중요한 역량은 서비스보다는 '안전에 대한 책임감 있는 행동'이다. 항공기 및 항공시스템 등에 대한 기본적인 이해부터 기내에서 발생하는 다양한 돌발, 긴급 상황에 적절한 대처까지 안전을 책임지는 것이 승무원의 주요 업무이다.[17] 승무원직에 지원하면서 자신의 친절한 서비스 정신만을 강조한다면 자기 이해는 제대로 했을지 몰라도 직무에 대한 이해가 부족해 탈락할 가능성이 크다.

지원하는 직무에서 하는 일이 무엇인지 정확하게 이해해야 회사에서 요구하는 역량을 제대로 제시할 수 있다. 구직은 구애에 비유할 수 있다. 좋아하는 이성의 마음을 얻기 위해 좋은 것을 해주려고 어떤 사람은 본인이 좋아하는 유명한 해산물 레스토랑에 가서 좋은 분위기를 만들었고, 또 다른 사람은 선물 공세를 하며 경제적 부를 과시하였다. 그런데 그 이성은 해산물을 싫어하고, 선물들은 이미 더 좋은 것으로 갖고 있어서 불필요했다. 마음을 얻기 위한 이들의 노력은 가상하지만 상대에 대한 이해와 배려 없이 무턱대고 본인이 가진 것을 내세우는 접근은 관계를 발전시키는 데 도움이 되지 않는다.

직무 분석은 해당 직무에서 하는 일과 필요 역량을 파악하는 것이다. 직무 분석을

---

17) 승무원 자소서 작성법 "차별화가 최우선!" : 항공사는 일 잘하는 알바생을 찾지 않는다.
http://blog.naver.com/darddong?Redirect=Log&logNo=220601627656&from=postView

통해 직무 성격과 내용, 직무 범위, 직무에서 요구하는 자질 등을 이해하고 여기에 맞게 자신의 역량을 제시한다. 직무 분석을 하기 위해 가장 좋은 방법은 현직자에게 직접 직무에 대해 듣는 것이나 주변에 현직자 없으면 어려운 일이다. 인터넷 검색이나 채용 사이트을 통해 현직자 인터뷰를 참고하거나 한국직업방송 등과 같은 동영상을 참고할 수 있다. 국내 기업의 직무는 크게 다음과 같이 구분할 수 있다.

- 경영지원 : 기획·전략, 인사, 회계, 재무, 구매·자재, 인사, 총무 등
- 연구개발 : 자동차, 기계, 반도체, 디스플레이, 화학, 전기전자, 바이오 등
- 생산 : 생산관리, 품질관리, 제조, 설비, 조립, 가공 등
- 영업 : 상품기획, 마케팅, 영업관리, 해외영업, 광고영업, 매장관리 등
- IT, 인터넷 : 프로그래머, 서버 보안, 웹기획, 사이트운영, 게임, 빅데이터·AI 등
- 기타 : 디자인, 서비스, 연구개발, 교육, 건설 등

직무 사례

다음은 해외 영업 담당자의 인터뷰 내용으로 동일한 직무일지라도 회사에 따라 하는 업무 차이가 있음을 보여준다. 지원 회사에서 요구하는 업무 역량을 구체적으로 파악하는 것이 중요하다.

밤새 쌓인 이메일을 팔로우업 하는 일이 아침의 일반적인 시작입니다. 저희 제품의 특성상, 원자재 포션이 가장 큽니다. 원자재가 중요하다 보니 자재가 부족하지는 않는지, 입고 일정은 어떻게 되는지 등을 확인하는 일을 하고 있습니다. 바이어가 방한하는 등의 특별한 일과가 있다면 공항으로 픽업을 나가는 업무도 해야 합니다. 저희는 제조업이기 때문에 픽업 후에 일반적으로 공장을 방문하게 됩니다. 방문이 예상된다면 공장에는 바이어 환영 현수막, 회의실 청소, 국기게양 등 준비를 단단히 요청합니다. 특히 생산라인 직원들 안정장구 착용 등을 강조하는 편입니다. 보이기 좋은 부분을 사전에 챙기는 편입니다.

(출처: https://cafe.naver.com/ospersons/7954)

해외에 판매하기 위한 영업 활동을 합니다. 해외 고객들의 제품 문의에 관한 답변, 주문 관리, 제품 관련 설명회, 고객 방문 시 의전 활동 등을 수행하는데요. 해외 출장을 통해 직접 딜러와 영업 미팅을 하기도 합니다. 엔드 유저(최종 소비자)가 공장을 방문해 진행하는 제품 테스트 및 미팅도 빼놓을 수 없겠네요.

꾸준히 해외 전시회에 참석하며 신규 딜러를 발굴하기도 합니다.

(출처: 잡코리아 직무인터뷰 중 해외영업 부문)

입사 전과 후 직무에 대한 생각이 많이 바뀌었습니다. 제가 알고 있는 영업은 주재원을 나가거나 해외에 가서 하는 영업이었는데 막상 실무에 와보니 제가 지금 하고 있는 일은 영업지원에 가까운 업무입니다. 특히 영업이라는 큰 카테고리 안에서 수많은 조직들이 연결되어 있고 협업을 하면서 영업에 대한 성과를 일구어 낸다는 것을 느끼면서 제가 가졌던 영업에 대한 생각이 많이 바뀌었습니다.

(출처: https://blog.naver.com/iamterview/221970353424)

아침에 출근하면 바로 이메일을 확인하고, 하나하나 체크하면서 대응업무를 시작합니다. 단순한 업무는 가능하면 오전에 끝내고, 오후에는 그때그때 상황에 맞는 업무를 진행합니다. 본격적인 고객 대응을 위해 정보도 수집하고 아이디어를 낼 때도 있고, 박람회 준비나 출장 준비, 마케팅 자료 개발이나 회의 등에 참석하기도 하는 등 다이내믹한 일정을 보내고 있습니다. 올해만 출장을 4번이나 다녀왔고, 내년에는 6번이 예정되어 있어요.

(출처: 사람인 직무인터뷰)

3) 인재상 파악하기

직무 분석 후에는 지원 회사가 요구하는 인재상을 파악해야 한다. 인재상은 주로 여러 개의 계열사를 거느린 그룹사에서 중요하게 여기는 사항이다. 이들 그룹사에서는 대규모 공채로 한꺼번에 많은 인원을 선발하기 때문에 선발 표준을 정해 놓을 필요가 있는데, 그것이 바로 인재상이다. 그러나 인재상은 다소 추상적인 단어들로 되어 있어 구체적으로 어떤 모습인지 파악하기 힘들다. 그러므로 홈페이지나 기사 검색 등을 통해 지원 회사에서 제시하는 인재상이 구체적으로 어떤 모습인지 이해하려고 노력해야 한다.

한편 인재상은 회사마다 다르긴 하지만 대체적으로 시대별로 선호하는 모습이 달라진다. 과거 우리나라 기업들이 한창 해외 시장을 개척하던 시기에는 창의성, 도전정신이 주요 인재상이었다. 반면 최근에는 지속가능성과 수평적인 조직문화 등을 강조하고 있어 소통능력 등을 중요하게 보고 있다.

대한상공회의소는 2008년부터 5년마다 국내 100대 기업이 홈페이지에 공표한 자료를 토대로 인재상을 조사하고 있다. 조사 결과를 보면 위에서 설명한 경향을 확인할 수 있다. 과거에는 새로운 아이디어를 창조하는 창의성이나 어려운 상황이나 변화에 두려워하지 않는 도전정신이 첫 번째 덕목이었으나 최근에는 소통·협력이 1위로 꼽혔다.

〈 100대 기업 인재상의 시대별 변화 방향 〉

	2008년	2013년	2018년
1순위	창의성	도전정신	소통·협력
2순위	전문성	주인의식	전문성
3순위	도전정신	전문성	원칙·신뢰
4순위	원칙·신뢰	창의성	도전정신
5순위	소통·협력	원칙·신뢰	주인의식
6순위	글로벌 역량	열정	창의성
7순위	열정	소통·협력	열정
8순위	주인의식	글로벌 역량	글로벌 역량
9순위	실행력	실행력	실행력

출처: 대한상공회의소

인재상은 분야별로도 다르게 나타나는데 아래의 표를 참조하도록 하자.

〈 2018년 분야별 인재상 〉

	제조업	금융보험업	무역운수업	건설업	도소매업	기타서비스업
1순위	소통·협력	주인의식	전문성	주인의식	전문성	소통·협력
2순위	원칙·신뢰	전문성	주인의식	도전정신	원칙·신뢰	도전정신
3순위	전문성	원칙·신뢰	소통·협력	소통·협력	주인의식	전문성
4순위	창의성	소통·협력	열정	창의성	열정	주인의식

	제조업	금융보험업	무역운수업	건설업	도소매업	기타서비스업
5순위	도전정신	도전정신	창의성	글로벌 역량	창의성	원칙·신뢰
6순위	열정	창의성	글로벌 역량	전문성	소통·협력	실행력
7순위	글로벌 역량	글로벌 역량	도전정신	원칙·신뢰	글로벌 역량	창의성
8순위	주인의식	열정	원칙·신뢰	열정	도전정신	열정
9순위	실행력	실행력	실행력	실행력	실행력	글로벌 역량

출처: 대한상공회의소 〈100대 기업이 원하는 인재상〉

2020년 취업 플랫폼인 사람인HR에서 334개사에게 인재상을 질문한 결과, 책임감, 성실성, 전문성, 협력/팀워크, 정식과 신뢰, 열정, 소통 순으로 나타났다. 사회와 경영 환경 변화에 대응해야 하는 기업은 인재상을 통해 자신에게 가장 적합한 인재의 모습을 축약해 놓는다는 것을 잊어서는 안 된다.

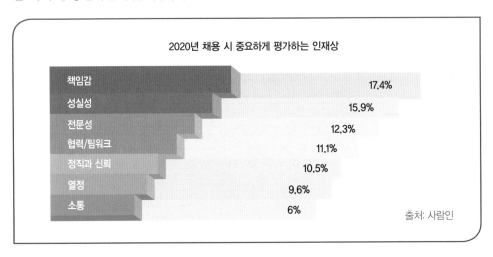

2020년 채용 시 중요하게 평가하는 인재상

책임감	17.4%
성실성	15.9%
전문성	12.3%
협력/팀워크	11.1%
정직과 신뢰	10.5%
열정	9.6%
소통	6%

출처: 사람인

1. 시대에 따라 기업에서 요구하는 인재상은 변화하고 있고 분야별로도 인재상에 차이가 있습니다. 자소서를 작성하기 전에 지원 회사의 인재상을 파악하는 것은 필수입니다. 먼저 지원 분야를 적고, 지원 분야에서 요구하는 인재상을 다음 표와 지원 회사의 홈페이지를 참고하여 적습니다.

지원 분야 : _____

지원 분야에서 요구하는 인재상(아래 표 참조)

_____

지원 회사에서 요구하는 인재상(홈페이지 검색)

_____

지원 회사의 주요 기사 및 최근 동향(뉴스 검색)

_____

_____

2. 인재상에 부합하는 나의 역량과 역량을 발휘한 경험을 적어봅시다.

요구되는 인재상과 부합하는 나의 역량

_____

나의 역량을 발휘한 경험 (역량 발휘 방법 및 성과를 중심으로)

_____

_____

_____

_____

3. 나를 표현하는 핵심 키워드 찾기
: 내가 나아갈 방향 설정

1) 키워드로 명확하고 뚜렷한 인상 남기기

인사 담당자들은 많게는 수백 장의 자소서를 읽고 합격자를 걸러내야 하기 때문에 정독하지 않는다. 인사 담당자에게 서류 전형에 주어진 시간이 100이라면 30의 시간 동안 떨어뜨릴 이유가 있는 이력서를 빠르게 골라내어 80%를 불합격시키고, 남은 70의 시간 동안 나머지 20%를 꼼꼼히 검토하여 최종 10장을 가려낸다.[18]

불합격되는 80%에 들어가지 않으려면 나를 표현하는 핵심 키워드로 인사 담당자에게 뚜렷한 인상을 남겨야 한다. 핵심 키워드는 나의 브랜드 콘셉트를 표현하기 위한 핵심 단어라고 할 수 있으며, 앞서 다양한 분석 도구들을 통해 발견한 자신의 역량과 강점을 활용하여 정한다. 여기에 '무엇을, 왜 이루고 싶은가'라는 나아갈 방향을 추가한다면 더욱 훌륭한 브랜딩이 가능하다.

(1) 한 단어 전략

자신이 어떠한 사람이라고 명확하게 표현할 수 있어야 뚜렷한 인상을 남길 수 있다. 이를 위해 맥스웰(Maxwell)의 〈사람은 무엇으로 성장하는가〉에서 제안하는 '한 단어 전략'을 사용한다.[19]

'한 단어 전략'이란 긴 글에서 핵심 단어에 밑줄을 그으며 강조점을 두는 것처럼 나의 인생에서 하나의 단어를 선택하여 다른 사람들이 나의 한 가지 강점에 집중하게 하는 방식이다. 한 단어를 통해 자신이 스스로를 어떻게 바라볼지 알 수 있고, 사람들의

---

18) 정동수, 백승우, 『면접의 기술: 기본 스펙으로 뚫는 1% 합격의 비밀』, 은행나무, 2009.
19) Maxwell, J., The 15 invaluable laws of growth, 2012, 김고명 (역), 『사람은 무엇으로 성장하는가』, 비즈니스북스, 2012.

관심을 나의 한 가지 강점에 집중하게 할 수 있다.

　나의 20여 년의 삶을 한 단어로 표현하는 것은 어려운 일이나, 인사 담당자는 지원자를 한 단어로 파악하려고 하기 때문에 내가 먼저 나를 표현하는 '한 단어'를 제시해 주는 것이 좋다. 이때 한 단어는 당연히 강점이나 역량 등을 표현하는 긍정적인 단어여야 한다.

　나의 역량을 보여주는 '한 단어'가 무엇인지 모른 채 무턱대고 자소서를 쓰는 실수를 범해선 안 된다. 자기 자신도 강점을 제대로 찾지 못하는데 어떻게 채용 담당자가 그 지원자의 강점을 알겠는가? 인사 담당자는 강점이 명확하지 않은 80%의 자기소개서를 빠르게 걸러낸다는 점을 잊지 말자. 나를 한 단어로 표현하는 것은 과거와 현재를 고찰하는 자기성찰을 통해 할 수 있는 어려운 작업이지만 자소서 작성의 핵심적이고 필수적 과정이므로 공들여 완성해야 한다.

(2) 하나의 역량에 집중하기

　명확한 자소서를 작성하기 위해서 업무수행에 도움이 되는 하나의 강점이나 역량에 집중해야 한다. 지원자들이 인사 담당자의 시선을 사로잡지 못하는 밋밋한 자소서를 쓰는 이유 중 하나는 자신의 강점에 초점을 두지 못하고 자신이 자랑하고 싶은 경험만 나열하기 때문이다. 학급 임원, 동아리 활동, 성적 상승, 수상경력, 해외 봉사 활동, 해외 연수 경험 등의 내용을 다 적다보니 자소서에 핵심이 없는 것이다. 이러한 경험들은 많은 지원자들이 어필하는 내용이라 인사 담당자에게는 그리 인상적이지도 않다.

　자랑하고 싶은 경험을 다양하게 제시하는 이유 중 하나는 아마도 자신이 성실하고 열정적이며 적극적이며 사교적이며 긍정적이며 리더십도 있다는 등 모든 측면에서 괜찮은 인재라고 어필하고 싶어서일 것이다. 하지만 인사 담당자는 지원자가 이 모든 것을 갖추었다고 믿지도 않을 뿐더러 만능맨을 찾는 것이 아니라 지원 분야 하나라도 제대로 하는 사람을 찾는 것이다. 그러니 하나의 업무 역량에 집중해서 일을 잘할 것이라는 인상을 주어야 한다.

간혹 지원자들 가운데 한 가지에 초점을 둔다고 학창 시절 열심히 노력하여 성적을 급격하게 향상시킨 경험을 비중 있게 소개하는 경우가 있다. 성적 상승이 본인에게는 굉장히 뿌듯한 일일지는 몰라도, 인사 담당자 입장에 보면 그러한 노력은 학생의 당연한 태도이고 한편으로는 급격하게 올릴 만큼 성적이 낮았다는 것을 의미한다. 꾸준하게 상위권을 유지한 지원자들도 많이 본 인사 담당자에게 급격한 성적 향상은 좋은 인상을 주는 경험은 아니다. 한 가지 역량에 집중하되 성적을 올린 노력이나 성실함에 초점을 두지 않는다.

2) 내가 나아갈 방향, 목표 보여주기

나의 강점, 역량을 활용하여 나만의 키워드를 정하였다면 이를 활용하여 이루고 싶은 것, 즉 나의 목표를 설정한다. 목표는 단순히 직위나 직업이 아니라 내가 가고자 하는 방향과 그 이유이다. 무엇이 '되는가'가 아니라 무엇을 '하는가'에 대한 것이 목표이다.

예를 들면, 나의 목표는 대기업 신입사원이 '되는 것'이 아니라 유용한 여행 정보를 제공하고 숙소, 교통편을 모두 예약할 수 있는 프로그램을 개발 '하는 것'이다. 사람들이 즐겁고 편안한 여행을 할 수 있도록 정보 제공과 예약을 돕는 것이 진정한 나의 목표이다. 이 목표에는 여행에 대한 흥미, 프로그램 개발 능력이 포함되어 있다. 또 다른 예를 들자면 수학 교사가 '되는 것'이 목표가 아니라 학생들에게 수학을 쉽게 설명해주어 흥미를 갖게 '해주는 것'이 목표이다.

내가 나아갈 방향을 제시하는 목표 설정은 나의 강점, 역량, 흥미, 가능성을 파악한 후에 가능하다. 나의 강점 및 역량이 반영된 목표로 나만의 콘셉트를 잡고 효과적으로 표현하는 것은 자소서 작성의 핵심이자 자기브랜딩의 완성이다. 나의 강점, 흥미, 역량에 근거하고 지원 업무와 연계된 목표를 명확하게 표현해본다.

(1) "수식어 + 명사"의 형태로 구체적인 목표 표현하기

꿈을 원대하게 가지라고 하지만 현실성 없는 거창한 목표는 채용 담당자에게 신뢰를 주지 못한다. 실현 가능성 있는 목표를 세우려면 목표를 수식어와 명사로 표현해본다. 여기서 명사는 지원 분야로 앞의 예에서 보자면 프로그래밍이 명사에 해당된다. 지원 분야를 정하였다면 명사도 자연스럽게 정해진다.

채용 담당자가 눈여겨보는 부분은 명사보다는 수식어이다. 특정 분야의 지원자들은 기본적으로 해당 역량을 지니고 있으므로 담당자는 이들이 그 분야를 어떻게, 왜 하려고 하는지에 관심을 갖고 서류 심사를 한다. 프로그램 개발자 모집에서 지원자들은 일정 수준의 프로그래밍 역량을 갖고 있기 때문에 수식어를 통해 그 분야를 어떻게 또는 왜 하고 싶어하는지를 표현하여 다른 지원자와 차별화시켜야 한다.

수식어에 나의 목표를 반영하면 효과적이다. 나의 목표가 '쉬운 예약으로 편안한 여행'이라면, '편안한 여행을 위한 예약 프로그래밍'으로 나의 목표를 표현할 수 있다. 이 표현으로 나의 관심 분야와 목표를 간결하고 명확하게 알릴 수 있다. 이렇게 표현한 문장을 소제목으로 활용하면 명확한 자기브랜딩도 할 수 있다.

> **'수식어(어떻게, 왜) + 명사'로 표현한 목표의 예시**
>
> • 고객에게 맛과 행복을 드리는 서비스
> • 안전을 최우선으로 생각하는 시공
> • 사이버공격에 빠르게 대응하는 서버보안
> • 사람과 자연이 함께 하는 건축
> • 작업 자동화로 효율적 일처리를 도와주는 프로그래밍

(2) 타인 및 사회에 기여할 수 있는 목표 세우기

목표를 설정할 때에는 나의 목표 달성이 타인에게 기여할 수 있는 바를 고려해야 한다. 흔히 목표가 무엇이냐는 질문에 '부자 되기' 혹은 '돈 많이 벌기'라고 답하기도 하는데, '부자 되기'는 무엇이 '되는'가에 관한 것으로 무엇을 '하는'가에 관한 것이 아니다. '돈 많이 벌기'라고 달리 표현해도 여기에는 나의 역량과 인생의 방향성 없이 내가 갖고 싶은 것만 반영되어 있어 목표라기보다는 욕망에 해당한다.

'부자' 혹은 '돈 많이 벌기'가 목표가 될 수 없는 결정적인 이유는 타인이나 사회에 대한 기여점이 없기 때문이다. 목표에는 내가 할 수 있는 것, 그리고 타인과 사회에 기여할 수 있는 것이 반영되어야 한다. 그래야 추구할 가치가 있는 목표이고 그 목표를 함께 이루고 싶다는 생각이 든다.

목표가 부자가 되는 것이라고 답했다면 "왜 부자가 되고 싶은가?", "돈이 많다면 무엇을 하고 싶은가?"라는 질문을 이어가 보자. 이 질문에 처음에는 좋은 집을 사고 비싼 외제차를 사고 해외여행을 다닐 것이라고 답할 것이다. 누리고 싶은 만큼 다 누렸고 경제적으로 여전히 풍족하여 언제든지 무엇이든 누릴 수 있다면, 이제는 무엇을 하겠는가? 또는 누군가가 나에게 무한대로 투자해주고 실패에 대한 책임도 묻지 않는다면 무

엇을 하고 싶은지 질문해보자. 마지막 질문에 대한 답이 나의 진정한 목표이고, 이 목표가 나를 움직이는 동력이 된다. 아마도 그 목표는 다른 사람의 삶에도 도움이 될 것이다.

나의 목표에 타인 및 사회에 대한 기여를 해야 한다고 하여 거창하게 생각할 필요는 없다. '여행정보 제공 및 예약 프로그래밍'이라는 목표에는 여행자가 편하게 여행할 수 있도록 도와주려는 마음이 반영되어 있고, '쉽게 이해되는 수학'이라는 목표에는 수학에 어려움을 겪는 학생들을 위한 마음이 있다. 나의 강점을 제대로 발휘한다면 타인에게 도움이 되고 주변에 좋은 영향을 미쳐 궁극적으로는 사회에 기여하는 것이다.

나의 목표가 나의 삶과 타인에게 미치는 영향에 대해 끊임없이 고찰한다. 이러한 자기성찰의 결과를 자소서에 담아내야 경쟁력을 갖춘다. 삶의 방향과 타인에 대한 기여가 담긴 목표를 설정한 것만으로도 나의 미래를 예측할 수 있기 때문이다. 이러한 목표는 좋은 자소서의 기본 요건이면서 더 넓게는 자아 정체성을 파악하고 인생의 방향을 설정하는 의미 있는 일이기도 하다.

4. 나만의 차별화 포인트 찾기
: 나는 남들과 무엇이 다른가?

나의 핵심 역량과 키워드를 명확하게 정하였다면 자신을 다른 지원자들과 차별화시켜야 한다. 대부분의 지원자들은 기업 홈페이지에 제시된 인재상을 참고하여 자소서를 작성하기 때문에 지원자들이 내세우는 역량은 중복될 수밖에 없다. 유사한 역량을 내세우는 비슷비슷한 자소서들 가운데에서 남다른 점이 있어야 인사 담당자의 시선을 잡을 수 있다.

1) 구체적인 경험으로 차별화시키기

회사의 인재상이 '책임감'이라면 모든 지원자는 책임감이 높다고 내용으로 자소서를 작성할 것이다. 그럼 채용 담당자는 누구를 합격시키겠는가? "이 지원자는 진짜로 책임감이 높구나" 하는 믿음이 가는 사람을 합격시킬 것이다. 이러한 실제적인 믿음은 지원자의 구체적인 경험으로부터 형성된다.

지원자들은 자신이 회사의 인재상과 가깝다는 것을 증명하기 위해 관련 경험을 나열하듯 제시하는데 경험은 그 자체로서 의미가 있는 것이 아니다. 채용 담당자는 지원자가 동아리 회장 경험이 있다고 하여 '동아리 회장=리더십'이라고 바로 판단하지 않는다. '회장'이라는 지위보다는 어떠한 이유로 회장을 맡았고 어떠한 역량을 발휘해 동아리를 어떻게 운영했는가로 리더십을 평가한다.

기업의 인재상이 소통능력이라면 "저는 학생회장을 하며 선후배과의 교류를 통해 소통 능력을 키웠습니다"와 같이 구체적 내용 없이 지위나 경험 자체로 어필하지 않는다. 공모전 수상 자체보다는 어떠한 역량을 발휘하여 수상을 한 건지, 해외 봉사 활동 경험에서는 봉사를 어떻게 했는지, 그리고 궁극적으로 이러한 경험을 업무 수행에 적용할 수 있을지가 중요하다.

> **구체적 경험으로 차별화시킨 예시**
>
> **[다양한 의견을 수렴하여 협력으로 이끈 소통 능력]**
>
> 저는 대학시절 학생회장을 하면서 저학년들이 회의에서 선배들의 눈치를 보며 의견을 제시하지 못하는 것을 알고 이들을 개별적으로 따로 만나 의견을 물었습니다. 회의에서는 소극적이었던 저학년들이 저와의 1:1 자리에서는 자신의 의견을 말하였고 이런 시간을 지속적을 가지며 다양한 의견을 들었습니다. 그리고 회의 중에는 저학년들에게 먼저 의견을 듣고 좋은 의견이라는 독려도 하였습니다. 자신들의 의견에 귀 기울여주니 저학년들은 회의뿐만 아니라 행사준비에도 적극적으로 참여하며 집행부 모두가 협력하여 무사히 행사를 진행할 수 있었습니다. 다양한 의견을 수렴하고 공감하면서 구성원들과 소통할 수 있었고 소통이 되었을 때 협력도 이끌어 낼 수 있다는 것을 배웠습니다.

2) 평범한 경험일지라도 지원 업무와 연관시키기

차별화는 독특한 경험으로 확보되는 것이 아니다. 지원자들 가운데 차별화를 위해 히말라야 등반, 국토대장정과 같은 특이한 경험에 많은 비용과 시간을 쓰기도 하는데, 특이한 경험을 통해 얻은 도전정신을 지원 분야와 직접적이고 실질적으로 연관시키지 못한다면 채용 담당자가 보기에 그 경험은 무의미하다. 평범한 경험일지라도 지원 업무와 연관시켜 역량을 발휘한 과정을 설득력 있게 구체적으로 제시하면 된다.

대부분 학교를 갓 졸업하거나 재학 중인 지원자들의 나이와 경력을 고려한다면 눈에 띄게 남다른 경력이나 역량을 갖추기는 어렵다. 지원자들이 겪은 경험들은 교우 관계, 동아리 활동, 여행, 아르바이트, 인턴, 해외연수 등에서 크게 벗어나지 않는 일상의 평범한 경험들일 것이다. 채용 담당자도 지원자에게 아주 특별한 경력이나 역량을 기대하는 것이 아니다. 채용 담당자가 자소서에서 중요하게 보는 것은 해당 업무에 관심을 가지고 일을 잘하기 위해 노력을 해 왔으며 관련 경험이 있는가이다. 평범한 경험이라도 지원 업무와 연관되고 업무 역량을 키우기 이헤 지속직으로 관련 경험을 쌓았다면 다른 지원자와 차별화될 수 있다.

3) 배움과 성장으로 차별화시키기

채용 담당자는 지원자가 경험을 통해 어떻게 느끼고 얼마나 배우고 성장하였는지에 관심을 갖는다. 동일한 경험을 했다고 하여 동일하게 성장하는 것은 아니기 때문에 자소서를 작성할 때에는 경험 자체에 의미를 두지 말고 경험을 통해 자신이 배우고 성장한 점에 집중한다. 이 때 경험은 앞에서 설명한 바와 같이 업무와 관련된 나의 역량을 발휘한 경험이어야 하고 업무와 연관되었다면 평범해도 무관하다.

지원 업무와 연관된 경험에서 자신이 느끼고 배운 바를 진솔하게 풀어낸다. 공모전

배움과 성장의 예시

[직접 팔아보며 배운 것]

백화점 대체사원으로 가구를 팔아본 적이 있습니다. 처음에는 원하는 제품에 가격만 맞춰주면 된다는 안일한 생각이었지만 고객들의 요구는 가격만이 아니었고 질문조차 이해하지 못하는 경우도 있었습니다. 판매라는 것은 정말 어려운 일이었습니다. 결국 매일 돌아오는 것은 매출: 0원이라는 전표였습니다. 대체사원인 제게 매출을 기대하지는 않았지만 그러한 전표를 받는 것이 정말 싫었고 맡은 책임을 다 하고 싶었습니다.

고객들이 원하는 것도 모두 달랐기 때문에 제품을 완벽히 이해하는 것이 첫 단계라고 생각했습니다. 따라서 제품의 장단점과 차별성을 숙지한 후, 고객의 입장에서 예상 질문을 작성했습니다. 제품의 이해가 바탕이 되자 고객응대에 여유가 생겼습니다. 다음으로 고객을 분석했습니다. 성능을 강조해야하는지 가성비를 강조해야하는지, 제품의 정보만을 원하는지 더 다가가야 하는지, 사람이 모두 다르듯 원하는 정보와 중요도 또한 다르다는 것을 깨달았기 때문입니다. 따라서 같은 제품일지라도 우선시하는 것을 파악해 그에 맞는 방법으로 접근했습니다.

그 결과 하루에 침대를 두 대 이상 파는 것도 베개를 80만원어치 파는 것도 가능했습니다. 원하는 것을 원하는 형태로 전달할 수 있었기 때문이라고 생각합니다. 이를 통해 무언가를 팔기 위해서는 내가 먼저 완벽히 알고 있어야 한다는 것을 배울 수 있었습니다.

출처: 사람인 사이트 내 합격자소서 중 일부
(http://www.saramin.co.kr/zf_user/public-recruit/coverletter?real_seq=35106)

수상에 대해서 쓸 때에는 그 공모전에 지원한 이유, 역량을 발휘한 부분, 그 과정에서 배운 점을 지원 분야와 연관시켜 구체적으로 서술한다. 업무와 연관된 경험에 대해 왜 그 일을 시작했고 과정에서 느낀 점은 무엇이고 그 경험이 본인에게 어떠한 의미가 있고 어떠한 점에서 가치 있는 일이었고 경험 전후로 어떻게 변화했는지를 정리한다. 경험의 의미, 가치, 그로 인한 배움과 성장에 집중하여 차별화한다.

4) 나의 가능성으로 차별화시키기

채용 담당자가 자소서에서 궁극적으로 알고 싶은 것은 '지원자가 회사에 기여할 수 있는 사람인가'이다. 따라서 자소서에서 나의 역량을 발휘하여 업무 성과를 낼 수 있다는 가능성을 보여주어야 한다. 가능성은 성과를 통해 증명되나 아직 사회 경험이 많지 않은 대학생들에게는 자신 있게 드러낼 성과가 없을 가능성이 크다. 하지만 유사한 조건의 대학생활에서 더 많은 성과를 낸 사람에게 더 좋은 평가를 내리는 것은 당연하니 **'구체적인 경험에 의미를 부여한 성장 스토리'**를 통해 최대한으로 성과를 보여주어야 한다. 성과가 없다면 나의 목표로 가능성을 보여 줄 수 있다.

(1) 현실적인 목표로 가능성 보여주기

남다른 성과가 없다면 구체적이고 실현 가능성이 있는 목표를 제시하여 가능성을 보여준다. 본인이 달성할 수 있는 구체적인 목표를 세웠다는 것은 그만큼 그 분야에 대한 경험과 감각이 있다는 것이다. 대학 입학 전에 신입생들은 의욕에 넘쳐서 막연하게 전 학기 'all A+'를 받겠다는 목표를 세우기도 하지만 선배들은 이 목표가 비현실적이라는 것을 안다. 신입생들도 한 학기만 다녀보면 이 목표를 달성하기가 생각보다 어렵다는 것을 깨닫고 그 이후부터는 한 학기에 두세 과목 정도에서 A+, 혹은 평점 4.0 으로 목표를 수정한다.

마찬가지로 아직 업무 경험이 없거나 부족한 지원자가 자소서에 열정이 넘쳐서 'all A+'와 같은 비현실적인 목표를 적으면 인사 담당자는 열정만 크고 일에 대한 현실 감각이 없다고 본다. 지원 분야에서 내가 실제로 이룰 수 있는 실제적인 목표를 제시하는 것이 곧 나의 능력과 가능성을 보여주는 것이다. 현실적인 목표를 세우기 위해서는 업무에 대한 기본적인 이해가 전제되어야 한다. 자소서를 작성할 때 지원 회사에 대한 이해가 나에 대한 이해만큼이나 중요한 것도 이러한 이유에서이다.

[건강한 가공식품]

장기적으로는 가공식품에 대한 사람들의 인식을 바꾸고 싶습니다. 조미료가 무조건 해롭다고 생각하거나 식품첨가물이 위험하다고 생각하는 등 가공식품에 대한 시선은 대부분 부정적이었습니다. 지금까지 배운 전공지식들을 바탕으로, 조미료가 무조건 위험한 것이 아니며 위험한 것은 식품공전에 등재될 수 없다는 등의 사실을 알려, 부정적인 인식을 바꿀 수 있다면 실질적인 수요의 증가 곧 회사의 매출로 이어질 것이라 생각합니다.

출처: 사람인 사이트 내 합격 자소서
(http://www.saramin.co.kr/zf_user/public-recruit/coverletter?real_seq=35106)

현실적인 목표는 지원하는 직무에 따라 달라질 수도 있다. 예를 들어 영업 직군 지원자의 경우에는 '매월 고객사의 불만사항 1개 이상 해결'이라는 구체적인 목표를 제시하는 것이다. 마케팅 직무의 경우 '데이터 크롤링을 통해 매월 고객 관심사 분석 리포트 작성'이라는 목표를 제시하는 것도 좋을 것이다. 이런 목표들은 구체적일 뿐 아니라 지원 직무에 대한 관심이나 전문성을 보여줄 수 있다는 장점이 있다.

(2) 역량을 반영한 목표로 가능성 보여주기

회사가 직원들에게 요구하는 기본적인 사항은 이직 없이 꾸준히 일하는 것이다. 인사 담당자는 지원자의 스펙이 좋더라도 조기 퇴사할 것 같으면 뽑지 않는다. 지원자가 쉽게 이직하지 않고 성과를 낼 것이라는 판단에는 지원자의 목적의식이 영향을 끼친다. 성적에 대한 강한 목표가 있어야 공부에 대한 열의가 생기고 힘들어도 참고 할 수 있는 것처럼 업무에서도 마찬가지이다. 업무에 대한 나의 확고한 목표가 있어야 열심히 일할 수 있고 힘들어도 쉽게 그만두지 않는다. 열정은 목적 의식으로부터 나오고 목표를 달성할 수 있을 것이라는 믿음은 지원자의 역량으로부터 나온다.

자소서에 역량을 담은 목표를 제시하여 나의 가능성을 보여주는 것은 필수적이다. 나의 가능성을 입증하는 것이 막연하고 어려울 수 있으나 인사 담당자는 나의 가능성을 평가하려 하기 때문에 자소서에는 역량을 발휘하여 이루고 싶은 바가 무엇인지, 나의 가능성이 들어가야 한다. 자기소개는 있는 그대로의 나를 드러내는 것이 아니라 과거의 의미 있는 경험으로부터 자아를 이해하고 과거와 현재의 삶으로부터 가치 있는 미래를 구상하는 행위이다.[20] 과거와 현재를 바탕으로 하는 미래에 대한 구상으로 나의 가능성을 보여주는 것이다.

※ 역량을 반영한 목표 예시

- 철저하고 정확한 분석의 재고관리
- 진정성 있게 소통하는 고객관리
- 문제해결 능력이 높은 영업사원
- 인문학적 소양을 담은 빅데이터 분석
- 친절함과 따뜻함이 가득한 서비스

연/습/문/제

자기브랜딩 실습 : 나만의 콘셉트 보드 작성하기

나의 핵심 키워드는?
①
②
③

나의 차별화 포인트는?
①
②
③

비교해봅시다

VS

지원 기업의 인재상(원하는 모습)은?
①
②
③

지원한 직무에서 요구하는 역량은?
①
②
③

---

20) 김근호, 「서사 표현으로서 자기소개서 쓰기의 본질」, 『작문연구』, 10집, 303–336, 2010.

인사 담당자가 나의 자소서를 읽고 나에 대해 어떠한 이미지를 갖기를 바랍니까? 인사 담당자에게 어필하고 싶은 나의 역량을 간단하게 한두 단어로 표현해 봅시다.

그 역량을 발휘한 경험을 적어봅니다. 학교생활, 아르바이트 등 어떠한 경험도 좋습니다. 그 경험으로 인해 본인이 느낀 점, 배운 점, 변화한 점을 중심으로 삶에 어떠한 의미가 있고 영향을 미쳤는지를 적어봅시다.

역량을 발휘하여 하고 싶은 분야. 자신이 하고 싶은 분야가 무엇인지 답하기 어렵다면 "누군가가 나에게 무한대로 투자해주고 실패에 대한 책임도 묻지 않는다면 무엇을 하겠는가?"에 대해 생각해보는 것도 좋습니다. 나의 강점이나 역량을 발휘할 수 있는 분야 혹은 일이 무엇인지를 하나의 명사로 적습니다.

앞에서 답한 분야 혹은 일을 선택한 이유나 그 일을 함으로써 이루고 싶은 바를 적어 봅니다. 그리고 그 일을 통해 타인에게 어떻게 도움이 될지도 생각해봅니다. 이는 하고 싶은 분야를 설명해주는 수식어에 해당하는 내용입니다.

_____

_____

_____

_____

위에서 답한 내용을 정리하여 '수식어 + 명사'의 형식으로 나의 목표를 적어 봅시다.

_____

_____

_____

지금까지 나온 단어들을 이용하여 나만의 키워드를 4~5개 정도 정합니다.

_____

_____

_____

나만의 키워드를 정리하여 나의 콘셉트를 완성해봅니다.

_____

_____

_____

_____

나는 명품이다

2부

자기브랜딩을 활용한
자소서 작성과 면접 준비

제1장

자기브랜딩을 활용한
자소서 작성하기

1. 단 한 줄로 인사 담당자의 시선을 사로잡는 방법

1) 주제문 개발하기 (자소서에도 카피 라이팅이 필요하다)

모든 글을 작성하기 전에 해야 할 일은 주제문 개발이다. 주제문은 하고자 하는 말을 하나의 문장으로 요약한 것으로 내용에 대한 총괄적 아이디어를 담고 있다.[1] 우리가 신문 기사의 헤드라인을 통해 전체 기사의 내용을 파악할 수 있는 것처럼 주제문도 글의 내용을 예측하게 해주고, 핵심 아이디어와 맥락을 이해할 수 있게 해준다. 반대로 주제

---

1) 임태섭, 『스피치 커뮤니케이션』, 커뮤니케이션북스, 2013.

문이 없으면 글 전체의 핵심 아이디어를 파악하기 쉽지 않고 구성도 산만하게 나열되어 응집력이 떨어질 수밖에 없다. 극도의 효율을 추구해야 하는 자소서도 예외는 아니다.

채용 담당자는 자소서를 열심히 읽지 않는다. 공채 시즌이 되면 하루에도 수 백 통의 자소서를 읽어야 하기 때문이다. 취준생의 기대와는 다르게 자소서의 내용이 무엇인지 이해하려고 노력할 수 있는 환경이 아니므로 헤드 카피에 해당하는 주제문이 없으면 자신을 제대로 소개하지 못하는 사람이거나 업무에 적격하지 않은 사람이라고 판단해 버릴 가능성이 크다. 그러므로 채용 담당자의 시선을 사로잡을 한 줄의 주제문을 개발하고 난 다음 자소서를 작성해야 한다. 특별한 양식 없이 자유롭게 기술하라는 자유 형식이든 문항 별로 작성하는 형식이든 나의 콘셉트를 명확하게 담은 주제문을 개발하고 나서 이를 뒷받침 할 수 있는 내용을 작성할 때에야 비로소 채용 담당자에게 명확하게 자신을 드러낼 수 있다.

채용 담당자뿐만 아니라 자소서를 작성하는 지원자도 주제문이 없으면 우왕좌왕하기 쉽다. 전체적인 방향을 먼저 정해놓은 다음 글을 작성해야 시행착오를 최소화시킬 수 있다. 그렇지 않으면 자소서의 내용이 기업에서 요구하는 방향과 전혀 다르게 흐를 가능성이 매우 크다.

우리는 이미 1부에서 자기만의 브랜드 콘셉트를 이미 설정하였으므로 여기에 적합한 내용을 찾기만 하면 된다는 점을 잊지 말자. 나 자신이 어떤 브랜드인지 이미 알고 있으니 적합한 표현만 찾으면 되는 것이다. 한 마디로 '나'를 표현해 줄 한 줄의 광고 카피를 만들어야 하는 것이다. 이는 효율적인 글쓰기를 위한 필수 과정이다.[2] 그렇다고 진짜 광고 카피처럼 현란하게 쓸 필요는 없다. 자소서의 주제문은 자신을 명확하게 표현하는 게 목적이기 때문이다. 아래에서 설명하는 방법대로만 하면 충분하다.

---

2) 임태섭, 『스피치 커뮤니케이션』, 커뮤니케이션북스, 2013.

2) 채용담당자는 어떤 문장에 끌리는가? (나만의 역량과 목표가 담긴 주제문)

주제문을 개발하려면 먼저 깊이 있는 자기성찰을 통해 자신의 강점과 역량, 목표를 파악하고 정리해야 한다. 앞서 1부에서 정리된 핵심 키워드와 차별점 중에서 핵심 단어들을 선정하여 하나의 문장으로 연결시키는 게 가장 효율적이다.

예를 들어 자신의 강점은 미술적 감각 및 색감 능력이고, 자신의 목표가 '매출을 증가시키는 마케팅'이라면, "색다른 감각의 상품 진열로 매출을 증가시킬 수 있다"라는 주제문을 개발한다. 이 주제문을 접한 인사 담당자는 '색다른 감각'의 상품진열 방법에 대해 궁금증과 흥미를 갖게 되고 관련 경험이 소개될 것이라는 예상을 할 수 있어 명확한 인상을 심어 줄 수 있다.

주제문을 개발했다면 주제문을 뒷받침하는 관련 경험을 정리한다. "색다른 감각의 상품진열 마케팅으로 매출을 증가시킬 수 있다"라는 주제문은 색감 능력 발휘 경험, 매출 증가 아르바이트 경험 등으로 뒷받침 된다. 이와 같이 주제문은 경험들 가운데 어떠한 경험들로 내용을 구성할지 방향을 잡아주고, 효율적이고 유기적인 자소서 작성에 도움이 된다.

문항별로 구성된 자소서도 주제문을 토대로 답변을 작성해야 한다. 주제문을 "색다른 감각의 상품 진열 마케팅으로 매출을 증가시킬 수 있다"라고 개발하였다면, 학창시절 또는 성장 배경을 묻는 문항에서 자신의 색다른 감각을 뒷받침 할 수 있는 내용을 구성해야 한다. 예를 들어 색에 대한 감각으로 칭찬을 받거나 수상한 경험이 좋을 것이다.

문제 해결 경험에 대한 질문에 대해서는 상품진열 변경으로 실제로 매출에 영향을 준 경험을 적는다. 지원 동기를 묻는 질문에서는 "자신의 독특한 능력인 색감을 활용하는 역량을 바탕으로 고객의 관심을 끌어 매출을 올리고 싶습니다"라고 적는다. 이처럼 하나의 주제문을 정해 놓으면 각 문항에서 일관된 모습을 어필할 수 있어서 채용 담당자가 지원자의 역량과 목표를 쉽게 파악할 수 있도록 해준다.

3) 나만의 주제문 개발하기

(1) 모두에게 해당되는 주제문은 아무도 설명하지 못한다

'우리 제품은 최고의 품질을 자랑합니다'

이런 문구를 쓰는 광고를 보면 어떤 느낌이 드는가? 모든 상품이 저마다 최고라고 하고 있어 아무런 관심을 불러일으키지 못할 것이다. 채용 담당자의 시선을 끄는 주제문도 마찬가지이다.

주제문은 명확하고 간결해야 하지만 그것만으로는 부족하다. 주제문은 자기에게만 적용되는 유일한 문장이어야 한다. 예를 들어 '성실'과 '노력'이라는 단어로 구성된 주제문은 간결하지만 깊은 인상을 남기기 어렵다. 모든 지원자들이 자신이 성실하며 노력한다고 말하기 때문이다. 즉 모두에게 해당되는 주제문은 아무도 설명하지 못한다.

특히 성실성을 유일한 역량으로 제시하는 건 반드시 고민해봐야 한다. 성실성은 모든 업무에서 요구하는 기본적인 태도이고 중요한 역량이므로 차별성이 없다. 기업에서 요구하는 건 성과를 낼 수 있는 실질적인 업무 역량이다. 만약 자신의 최고 역량이 성실하게 일을 해나가는 능력이라면 그 성실성을 발휘한 분야가 무엇이며, 이로 인해 어떠한 성과를 냈는지 생각해 봐야 한다.

본인이 잘하고 성과를 낼 수 있는 분야가 자신의 역량이라는 점을 명심하자. 김연아 선수를 가장 잘 나타내는 단어는 열정, 성실, 노력이 아니라 '피겨 스케이팅'이다. 본인이 열정적이고 최선을 다해 성실하게 노력하였다면 어디에 열정을 쏟았는지를 파악하여 자신의 역량을 구체적으로 파악한다. 명확하면서도 나만의 주제문을 개발하기 위해서는 열정, 최선, 성실, 노력과 같은 추상적인 단어 대신 자신의 역량과 목표를 구체적으로 표현하는 단어를 사용해야 한다.

(2) 비유 대신 직접 표현한다

주제문을 개발할 때 튀려는 목적으로 멋을 부려 창의적인 비유를 하지 않는다. 비유는 자소서에 대한 전체적인 인상을 모호하게 만들 수 있다. 예를 들어 '풍선 같은 매력', '치약 같은 융통성'과 같이 지나치게 창의적 표현으로는 어떤 사람인지 쉽게 파악되지 않는다. 수많은 자소서를 읽어야 하는 채용 담당자들은 의미를 파악하기 위하여 힘겨운 노력을 기울이지 않으므로 직접적인 표현을 하여 쉽게 이해되도록 한다.

상투적인 비유도 사용하지 않는다. 강철 같은 리더십이라는 비유에서 어떠한 점에서 강철 같은지를 파악하기 어렵다. '위기에 강한 리더십' 또는 '갈등조절 능력이 강한 리더십'이라고 표현하는 것이 내용에 대한 이해와 예측을 돕는다. '강철 같은'처럼 진부한 표현 대신 나만의 핵심 역량과 목표를 직접적으로 표현하여 주제문을 개발한다.

역량과 목표를 반영한 주제문 예시

- 책임감과 데이터 분석 능력으로 철저하게 재고관리를 할 수 있습니다.
- 도심과 어울리는 친환경 주택을 짓는 건축사가 될 것입니다.
- 외국어 능력과 문제해결 능력으로 해외 영업 실적을 올리겠습니다.
- 친절함으로 고객의 마음을 따뜻하게 하는 고객서비스 담당자가 되겠습니다.
- 철저한 분석과 두려워하지 않는 도전정신을 갖춘 바이오 신약개발자가 되고 싶습니다.

---

2. 자신의 경험을 재구성 하는 방법 : S-T-A-R 기법 익히기

지금까지 자신이 어떤 브랜드가 될 수 있는지 살펴 보았고, 자신의 브랜드 콘셉트를 설정한 후 이를 효과적으로 표현할 수 있는 주제문의 작성까지 살펴보았다. 이제부터는 본격적으로 자신이라는 브랜드 스토리를 표현하는 방법에 대해 살펴보기로 한다.

대학생이나 취준생들을 오랜 시간 관찰하면서 가장 안타까웠던 점은 대부분 글쓰기 훈련이 제대로 되지 않았다는 점이다. 자소서를 잘 쓰는 건 둘째치고 1,000자에서 3,000자 내외의 분량을 채우는 것조차도 부담스러워 하는 경우가 대부분이었다. 평소에 글쓰기 훈련이 되지 않은 상태에서 상당한 양의 자소서를 채우는 건 사실상 불가능에 가깝다. 하지만 크게 걱정할 필요는 없다. 자소서에는 일정한 '공식'이 있기 때문이다. 바로 'S-T-A-R' 기법이다. 물론 모든 자소서 항목을 STAR 기법으로 쓸 필요는 없지만 자신의 경험을 STAR 기법을 통해 재구성하기만 해도 자소서 작성에 대한 부담이 크게 사라져 버린다.

다시 강조하지만, 자소서는 채용 담당자의 눈에 들기 위해 자신의 경험을 '재구성'하는 과정이다. 같은 경험을 하더라도 이를 얼마나 효과적으로 재구성하는가에 따라 당락이 좌우된다. 좋은 경험을 하는 것보다 좋은 경험으로 '재구성' 하는 것이 훨씬 중요하다.
이처럼 자신의 경험을 채용을 위해 재구성하기 위해 가장 효율적인 방법이 바로 STAR 기법이다. 자신의 경험을 STAR 기법을 통해 효율적으로 재구성한 다음, 이를 글로 옮기면 자소서 작성에 대한 부담이 훨씬 줄어들 뿐만 아니라 채용 담당자에게도 효과적으로 어필할 수 있다.

STAR 기법은 Situation(상황) - Task(역할) - Action(행동) - Result(결과) 의

줄임말이다. 그럼 아래의 표에서 각 항목의 의미에 대해 살펴보도록 한다. 최근에는 기존의 STAR 기법 외에도 발전된 형태의 STAR 기법이 있는데 이 두 가지를 동시에 소개하도록 하겠다.

〈 S – T – A – R 기법 항목별 설명 〉

기본적인 S-T-A-R 구조		발전된 S-T-A-R 구조
항 목	설 명	항목과 설명
Situation	당시 자신에게 주어졌던 상황	
Task	그 상황에서 자신이 담당했던 업무 또는 해야했던 역할	+ Problem 당시 상황에서 발생했던 문제점
Action	자신에게 주어졌던 상황 또는 역할을 위해 했던 행동	+ Thinking 그런 행동을 했던 판단의 근거
Result	자신의 행동을 통해 도출된 결과 (가급적 숫자로 표현되어야 함)	+ Learning 이 경험을 통해 깨닫거나 배운 점

위와 같은 STAR 기법을 잘 활용하면 자소서 작성의 부담을 상당 부분 줄일 수 있을 뿐만 아니라 자신의 경험을 훨씬 효율적으로 전달할 수 있게 된다. STAR 기법을 제대로 활용하기 위해서는 단계적으로 작성할 것을 권하는데 아래와 같이 살을 조금씩 붙여가는 방식으로 작성해 나가면 된다. 그럼 A군의 경험이 각 단계별로 어떻게 재구성되는지 살펴보도록 하자.

A군의 경험 : 친구와 함께 자전거로 전국 일주를 하다.

A군은 군대를 전역한 다음 군 생활을 함께 한 친구와 함께 자전거로 전국 일주를 하기로 계획했다. 여행 경비를 마련하고자 친구와 함께 두 달 동안 건설 현장에서 아르바이트도 했다. 아르바이트를 하는 틈틈이 친구와 계획을 구체적으로 세워 나갔고, 마침내 경비를 마련하여 여행을 시작했다. 하지만 더운 여름에 여행을 시작했기에 여행은 상당히 힘들었을 뿐만 아니라 중간에 친구와의 마찰도 겪게 되었다. 그래도 우여곡절 끝에 26일 만에 4,200km에 달하는 해안 도로를 완주할 수 있었다.

자전거로 전국을 일주한 건 아무나 쉽게 할 수 있는 경험이 아니다. 따라서 채용 담당자에게도 강렬한 인상을 남길 수 있는 소중한 경험이지만, 그 경험만으로는 아무런 도움이 되지 않는다. A군의 경험은 아래와 같은 과정을 거쳐 자소서로 재구성될 수 있다.

1) STAR 1단계 : STAR 항목대로 분류하기

1단계에서는 각 항목별 핵심 내용만 정리하면 된다. 그냥 각 항목의 취지에 맞게 구분만 한다는 생각으로 부담 없이 작성한다.

STAR 항목	항목별 내용
Situation	군 전역 후 군생활을 함께 했던 친구와 함께 자전거로 전국 일주를 계획함
Task	세부적인 여행 계획을 세우고 여행 경비를 산출하는 역할을 했음
Action	친구와 함께 여행 경비를 마련하기 위해 건설 현장에서 가구를 운반하는 아르바이트를 했음. 아르바이트 틈틈이 장비를 구입하고 계획을 구체화 해나감 드디어 여행을 시작했으나 더운 날씨로 인해 친구와 마찰을 일으키기도 하고 중간에 포기하고도 싶었지만 잘 극복해 나갔음.
Result	4,200km에 이르는 해안 도로를 26일 만에 완주하였음

2) STAR 2단계 : 각 항목에 살 붙이기 + 항목 추가하기

2단계에서는 1단계에서 작성한 항목에서 부족한 부분을 추가하는 동시에 Problem, Thinking, Learning 항목을 추가하여 보다 심화된 내용을 추가한다. 이 때에는 Result(결과)와 Learning(깨닫거나 배운 점) 부분에 보다 신경을 써서 작성한다.

STAR 항목	항목별 내용
Situation	군 전역 후 한 가지 목표를 세움. 군생활을 함께 했던 친구와 함께 자전거로 전국 일주를 계획함
Task + Problem	친구와 세부적인 여행 계획을 세우고, 그 계획을 바탕으로 여행 경비를 산출한 결과 현재 우리가 가진 돈으로는 여행이 불가능했음
Action + Thinking	스스로의 힘으로 경비를 마련하는 게 의미가 있다고 판단해 둘이서 같은 건설 현장에서 아르바이트를 실시하였음. 친구와 함께 건설 현장에서 가구를 운반하는 아르바이트를 했음. 아르바이트 틈틈이 장비를 구입하고 계획을 구체화 해나감. 마침내 6월에 여행을 시작하였으나, 더운 날씨로 상당히 힘든 여정에 중간 중간 포기하고 싶었던 적이 많았음. 이로 인해 친구와 갈등을 겪기도 했지만 목표한 일을 완수하기 위해 서로 힘을 합치기로 했음.
Result + Learning	4,200km에 이르는 해안 도로를 26일 만에 완주하였음. 이 경험을 통해 결심한 일을 끝까지 추진하여 완수할 수 있다는 책임감과 끈기, 집요함을 기를 수 있었음 수 있었음. 또한 친구와 갈등을 빚을 때마다 대화를 통해 문제를 해결하는 소통능력을 기를 수 있었음. 또한 더 넓은 세상을 경험할 수 있는 계기가 되었으며, 더 강해진 나 자신을 통해 무슨 일이든 해낼 수 있다는 자신감을 얻었음.

이처럼 1단계에서 조금만 살을 붙이고 심화된 항목을 추가하기만 해도 훨씬 체계적으로 전달할 수 있게 된다. 이 때 자소서의 최종 작성 단계에 가까워질수록 이 경험을 통해 무엇을 얻게 되었는지 스스로 생각해 봐야 한다.

3) 3단계 : 최종 작성 단계

최종 작성 단계에서는 지금까지 작성한 걸 이어 붙이기만 하면 된다. 물론 부드럽게 연결될 수 있도록 조금씩 살을 붙여야 한다. 특히 제일 앞 머리에는 경험을 한 마디로 나타내는 소제목을 붙이는 게 좋다. 또한 제일 마지막 Learning 부분에는 지원하는 직무에 맞게 역량을 조정해 주는 것도 잊지 말자.

자전거 전국일주를 통해 계획한 일을 완수하는 방법과 소통하는 법을 배웠습니다.

군 전역 후 저는 한 가지 목표를 세웠습니다. 바로 자전거로 전국 일주를 하는 것이었습니다. 그러나 혼자 하기는 힘들다는 생각에 군생활을 함께 했던 친구와 함께 하기로 했습니다.

친구와 세부적인 여행 계획을 세우고, 그 계획을 바탕으로 여행 경비를 산출한 결과 저희가 가진 돈으로는 여행이 불가능했습니다. 부모님께 도움을 요청해 볼까 생각했지만 스스로의 힘으로 경비를 마련하는 게 의미가 있다고 판단해 건설 현장에서 아르바이트를 시작했습니다. 건설 현장에서의 일은 쉽지 않았지만 목표를 이루기 위해 열심히 일했고 틈틈이 장비를 구입하는 등 차근차근 준비해 나갔습니다.

마침내 여행을 시작하였으나, 더운 날씨로 상당히 힘들어 포기하고 싶었던 적이 많았습니다. 이로 인해 친구와 갈등을 겪기도 하고 의견 다툼도 있었지만 그럴 때마다 대화를 통해 문제를 해결했습니다. 이런 노력 덕분에 저희는 4,200km에 이르는 해안 도로를 26일 만에 완주할 수 있었습니다.

이 경험을 통해 결심한 일을 끝까지 추진하여 완수하는 데 필요한 책임감과 끈기를 기를 수 있었습니다. 또한 대화를 통해 문제를 해결할 수 있는 소통 능력을 기를 수 있었습니다. 무엇보다 이번 여행을 하면서 더 넓은 세상을 경험하였으며, 더 강해진 제 자신을 바탕으로 무슨 일이든 해낼 수 있다는 자신감을 얻었습니다 ○○사에 입사해서도 이런 집념과 소통능력을 발휘하여 ○○사업부 최고의 사원이 되겠습니다.

위의 자소서는 공백을 포함하여 약 750자 정도 된다. STAR 기법을 활용하지 않고 이 정도의 분량을 작성하려면 상당히 많은 시간과 노력을 들여야 한다. 하지만 STAR 기법을 활용하여 단계별로 작성하면 그 부담을 상당히 줄일 수 있을 뿐만 아니라 훨씬 효과적으로 표현할 수 있다는 점을 명심하자.

1) 자신이 경험한 내용을 지금까지 살펴본 3단계 STAR 기법을 통해 재구성해 봅시다.

> 내가 겪었던 경험이 무엇인지 적어 봅시다.

2)

STAR 1단계 : STAR 항목대로 분류하기

위의 경험을 STAR 항목대로 분류해 봅시다.

STAR 항목	항목별 내용
Situation	
Task	
Action	
Result	

STAR 2단계 : 각 항목에 살 붙이기 + 항목 추가하기

1단계에서 작성한 항목에 추가로 살을 붙여 봅시다.

STAR 항목	항목별 내용
Situation	
Task + Problem	
Action + Thinking	
Result + Learning	

3. 자소서의 각 문항에 대한 이해와 작성 방법

    자소서에서 과거 경험을 묻는 이유는 나의 과거를 통해 미래를 예측하고 가능성을 보기 위해서이다. 자신의 경험을 지원 분야의 업무와 직접 연결시키지 못한다면 경험은 지나간 과거에 불과하다. 따라서 질문에 대해 지원 업무와 연관된 자신의 역량을 먼저 명확하게 정하고 그 역량을 발휘한 경험들을 서술한다. 성장과정부터 입사 후 포부까지 모든 문항에 핵심 역량을 적용하여 명확하게 자신의 콘셉트가 드러나게 한다. 각 문항마다 나의 강점을 담아내야 인사 담당자가 나의 강점을 파악할 수 있다.

1) 성장 과정

    나의 어린 시절을 연대기적으로 나열하거나 가정환경을 그대로 드러내지 말고 나의 역량과 강점을 잘 보여주는 어린 시절의 경험을 구체적으로 제시한다. 어려운 환경을 이겨냈다는 것도 괜찮으나 성장 과정을 부정적으로 기술하면 불필요한 오해를 살 수 있으므로 힘든 상황을 너무 구체적으로 소개할 필요는 없다. 가급적 긍정적 경험을 중심으로 서술한다.

    자신의 성장 과정에 큰 영향을 준 사람을 기술하는 것도 좋다. 이런 경우 그 사람에 대한 세밀한 기술보다 어떠한 점에서 자신에게 영향을 주었고 어떠한 변화가 생겼는지를 중심으로 서술한다. 이때도 본인의 역량과 관련된 영향을 소개하는 것이 좋다. 모든 문항에 답하기 전에 자신의 핵심 역량을 먼저 점검하고 역량과 관련된 경험을 제시하는 것을 기억한다.

나의 핵심 역량 : _____

역량 관련 어린 시절 경험

_____

_____

_____

_____

핵심 역량, 가치관 등에 영향을 미친 사람

_____

_____

나에게 미친 영향과 그로 인한 변화

_____

_____

_____

소통하는 사람이 되다

같은 책을 읽거나 같은 영화를 봐도, 사람들은 각기 다른 감정을 느끼고, 다른 생각을 합니다. 어린 시절 저에겐 이러한 것이 흥미롭게 다가왔던 것 같습니다. 그래서인지 어릴 적부터 사람 만나는 것을 좋아했고, 수십 권의 책을 읽는 것보다 한 명의 괜찮은 사람을 만나는 것이 더 크게 다가왔습니다. 커가면서도 국내외 여행, 동아리, 소모임 등을 통해 다양한 부류의 사람들을 만나보려고 노력했던 것 같습니다. 이러한 만남들은 저를 '소통하는 사람'으로 만들어주었고, 때로는 좀 더 앞에서 방향을 제시해주기도 하고, 때로는 뒤에서 서포트 해주기도 하면서 조직의 능률에 기여했다고 자신합니다. 소통은 조직사회가 유지되고 성장하는 가장 기본적이면서도 핵심적인 가치라고 생각합니다. 남녀노소 많은 사람들을 만나는 것이 소위 스펙이라 말하는 정량적인 결과물을 주진 않았지만, 저에겐 원활한 조직생활을 위한 원동력이 되어주었고 입사 후에도 해당 업무와 만나 좋은 시너지효과를 일으킬 것이라고 확신합니다.

출처: 사람인 사이트 내 합격자소서 일부
(http://www.saramin.co.kr/zf_user/public-recruit/coverletter?real_seq=35039)

2) 학교생활

학교생활을 하며 배우고 성장한 내용을 기술한다. 성적 상승, 학급 임원, 수상 경력, 자격증 취득 등의 자랑거리를 보여주는 것이 아니라 지원하는 직무와 연관시킬 수 있는 경험을 제시하여 잠재력을 지녔음을 보여주어야 한다.

나의 핵심 역량 : _____

_____

학창시절의 예시

한 게 없는 사람이 아닌, 한계 없는 사람

학부 시절 자동차 뒷유리 열선을 주제로 프로젝트를 수행한 저희 팀은 많은 실패를 이겨내고 수상이라는 쾌거를 이루었고, 그 경험을 통해 '우직함'이라는 원동력을 찾을 수 있었다고 생각합니다. 졸업 과제에서 주제를 선정하던 중 '자동차 뒷유리에 열선이 없다면 더 보기 좋을 텐데'라는 생각이 들었습니다. 이 때문에 도금 장비를 이용해 투명한 유리에 전류를 흐르게 하여 발열을 시켜보자는 실험계획을 수립하였습니다. 실험했지만, 생각만큼 결과는 좋지 않았습니다. 팀원들은 실망감을 보였지만 포기하지 않고 관련 논문들과 서적들을 이용하여 대체 방안을 찾아보게 되었습니다. 그 결과 유리가 투명성을 가지며 전류가 흐르게 되었고 졸업 발표 심사에서 은상 수상을 받을 수 있었습니다. 실패와 성공의 차이는 간단했습니다. 끊임없이 찾아보고 포기하지 않는 것이었습니다. 목표를 향해 포기하지 않고 끊임없이 도전한다면 원하는 목표, 그 이상을 이룰 수 있다는 것을 알게 되었습니다.

출처: 사람인 사이트 내 합격자소서
(http://www.saramin.co.kr/zf_user/public-recruit/coverletter?real_seq=35081)

3) 성격의 장단점

지원 분야의 업무를 수행하는 데 도움이 되는 나의 강점을 드러내고 이를 보여주는 경험을 제시한다. 강점 자체를 직접적으로 빈번하게 언급하는 것은 내실 없어 보이므로 구체적인 경험으로 강점을 입증한다. 단점은 업무수행에 방해가 되지 않는 단점을 솔직하게 적는다.

업무와 연관된 나의 장점

_____

_____

_____

업무에 방해하지 않는 나의 단점

_____

_____

_____

성격의 장단점 예시

장점은 '꼼꼼함'입니다. 회계팀의 인턴을 하면서 전표 작성 및 관리, 결산 및 마감, 공시 자료 검수 등 업무를 6개월간 실수 없이 처리했습니다. 이러한 꼼꼼함은 중장기 전략수립 시, 각 사업부와의 소통에서 작은 것도 놓치지 않으면서 소통할 수 있는 발판이 됩니다. 또한, 모니터링을 통한 문제 검증 시, 대응책을 다방면으로 빠르게 검토하여 문제를 해결하는 힘이 될 것입니다. 성격의 단점은 '생각이 많다'는 것입니다. 과감한 결단력으로 실행해야 할 때도 생각만 하다가 기회를 놓친 경험들이 있습니다. 입사 후, 단점 극복을 위해 '나만의 규칙'을 만들겠습니다. 일의 우선순위를 정하고 그에 대한 단계별 마감기한을 명확히 하여 일의 진행에 차질이 없게 하겠습니다. 또한, 업무를 익혀가면서 '집중해서 고민해야 할 부분'을 파악하고 구체화하여 업무의 효율성을 높이겠습니다.

출처: 사람인 사이트 내 합격자소서
(http://www.saramin.co.kr/zf_user/public-recruit/coverletter?real_seq=34981)

4) 지원동기

지원동기는 자소서에서 빠지지 않는 필수문항으로, 인사 담당자가 비중 있게 보는 문항이자 동시에 지원자들이 작성하기 어려워 하는 문항이다. 간혹 우스갯소리로 지원동기는 '돈 벌기 위해' 다섯 글자인데 200자로 쓰라고 하니 힘들다고 한다. 하지만 지원동기를 글자 그대로 '왜 지원했는가'로 이해하면 안 된다. 인사 담당자는 이에 대해 돈 벌수 있는 직장이 많은데 왜 굳이 이 회사에서 돈을 벌고 싶어 하는지를 반문할 것이다.

지원동기는 '수많은 지원자들 가운데 당신을 뽑아야 하는 이유' 또는 '당신이 회사에 기여할 수 있는 것'의 다른 표현이다. '돈 벌기 위해서'가 아니라 '나의 역량을 발휘하여 회사에 도움이 되기 위해서'가 지원동기의 답이어야 한다. 그렇기 때문에 지원동기는 합격 여부를 결정할 만큼 중요한 문항으로 회사의 입장에서 접근하여 답변을 고민해야 한다.

모든 것을 갖추어 인기가 굉장히 많은 이성에게 "연애가 하고 싶다"라고 고백해서는 사귈 수는 없다. 마찬가지로 취업난이 심각한 상황에서 돈 벌고 싶으니 취업시켜 달라고 해서 합격시켜주는 회사는 없다. 외모에 대한 칭찬에 익숙한 이성에게 외모가 뛰어나서 사귀고 싶다고 해도 사귀기 어려울 것이다. 회사의 매출 규모 등을 언급하며 건실한 기업이라 지원했다고 해도 합격이 어려운 이유이다. 좋아한다는 나의 고백은 그런 고백을 수없이 받은 이성에게는 수많은 고백 중 하나에 불과하다. 오랫동안 선망해온 기업이라는 것도 만족스러운 지원 동기가 되지 못한다.

내가 모든 것을 갖춘 완벽한 이성이라면 나는 어떠한 사람과 사귀겠는가? 기본적으로 매력을 갖추어야 하겠지만 어쨌든 연애에서 가장 중요한 것은 함께할 때 행복한 사람, 내가 원하는 것을 해 줄 수 있는 사람이다. 회사 입장에서는 일 잘하고 회사에 도움이 되는 사람이다. 회사가 원하는 것이 무엇인지 제대로 파악해야 나도 원하는 결과를 얻을 수 있다. 상대가 매력적이고 인기가 많을수록 단순히 나의 열정보다 상대가 원하는 것에 집중하여 상대에게 도움이 될 수 있다고 어필해야 한다.

(1) 적극적 동기로 어필한다

지원동기는 크게 소극적 동기와 적극적 동기로 구분된다.[3] 소극적 동기는 회사에 대한 정보를 잘 알고 있음을 피력하는 것이다. 지원 회사에 대한 정보를 수집, 숙지하고 회사의 위상이나 가능성을 보고 지원하는 경우이다. 소극적 동기로 어필할 때에는 홈페이지나 뉴스 등을 통해 매출 규모, 직원 수, 기업의 비전 및 추진하는 사업을 파악하고 업계의 동향, 최근 트렌드까지 분석한다. 특히 앞서 설명한 DART를 참조하면 기업의 내부자들도 깜짝 놀랄 만큼의 정보를 얻을 수 있으니 꼭 참조하도록 하자.

하지만 소극적 지원동기로만 합격하기는 어렵다. 인사 담당자를 대상으로 한 설문조사에 따르면 '묻지마 지원'을 판단하는 첫 번째 기준이 지원동기이고 그 다음은 기업 및 지원 분야에 대한 이해 부족이다. 기업에 대한 기본적인 정보를 모르면 불합격되는 것은 당연하지만 이를 알고 있다고 해서 합격이 보장되지는 않는다. 기업에 대한 관심도나 회사 홈페이지나 신문 기사에 제시된 기업 정보를 알고 있는 것은 인사 담당자 입장에서 보면 지원자의 기본자세에 불과하다.

중요한 것은 적극적 지원동기이다. 적극적 동기는 회사가 바라는 요구사항을 충족시키겠다는 포부이다. 지원동기는 '회사에 들어와서 기여할 수 있는 점'의 또 다른 표현이다. 인사 담당자는 지원자가 회사 목표 달성에 기여할 수 있는 사람인지를 중점적으로 판단하므로, 지원자는 역량을 발휘하여 개인적 성장할 뿐만 아니라 회사의 비전도 이루기 위해 지원했다는 적극적 동기로 어필해야 한다. 특히 자신의 브랜드 콘셉트와 일

---

3) 조민혁, 『기적의 자소서』, 조선에듀케이션, 2012.

치할 때 큰 효과를 발휘한다.

(2) 지원 회사여야만 하는 이유를 제시한다

지원자는 지원 분야에 대한 재능과 열정이 높기 때문에 지원하였다고 답하기도 한다. 그러면 채용 담당자 입장에서는 "다른 회사에서도 그 분야가 있는데 왜 우리 회사에 지원한 것인가"가 궁금하다. 본인의 역량에만 집중해서 답을 하면 "역량을 발휘할 수 있는 다른 회사에서 연봉을 더 준다면 그 쪽으로 가겠지?"라는 생각을 할 수 있다. 따라서 지원 동기에는 경쟁 회사와의 차이점을 중심으로 지원 회사의 경영철학, 비전 등을 분석하여 지원 회사여야만 하는 이유가 제시되어야 한다.

회사마다 경영철학, 비전 등이 다르기 때문에 같은 분야일지라도 지원 회사마다 다르게 지원동기를 쓴다. 기업에서 소비자의 성별, 연령, 학력 등에 따라 차별화된 마케팅 전략을 구사하듯이, 지원자도 지원 회사에 따라 차별적으로 자소서를 작성한다. 깊이 있는 자기성찰과 회사에 대한 정확한 이해를 바탕으로 공통분모를 찾아 나의 성장으로 회사가 추구하는 바를 이뤄내고 싶어 지원하였다고 답변해야 채용 담당자가 관심을 갖는다.

나의 핵심 역량 : _____

_____

역량을 반영한 나의 목표

_____

_____

지원회사의 비전 및 경영 철학

_____

_____

나와 회사의 공통된 목표

_____

_____

나와 회사의 공통된 목표 달성을 위한 지원 동기

_____

_____

※ 지원동기 예시
"역량을 발휘해 꿈을 이룰 수 있는 기업"

세계 무대에서 저의 역량으로 신약개발에 기여하여 건강 증진에 이바지하고 싶습니다. 00사는 국내외 대표 제약사로서 국민건강과 보건향상을 책임지며 끝없는 발전을 이루어 왔습니다. 그 중 합성신약공정 분야는 제가 쌓아온 유기/고분자 실험적 역량들을 가장 잘 펼칠 수 있는 분야라고 생각해 지원했습니다. 4번의 학부생 인턴과 2년의 석사 기간동안 유기합성 및 고분자 중합을 하며 원하는 물질이 합성이 되었을 때 큰 성취감을 느꼈습니다. 분석을 하며 합성한 물질이 다른 성질을 나타내는 것은 저에게 흥미를 일으켰고 합성과 관련된 진로를 구체화하는 계기가 되었습니다.

외국어 능력과 직무 적합성을 배양한 저는 이 직무에 준비된 인재라고 생각합니다. 외국인 교수님 밑에서 유기합성을 연구하며 전문성과 글로벌 역량을 길렀습니다. 이러한 역량으로 00사의 합성신약공정의 핵심인재가 되고 싶습니다.

출처: 사람인 사이트 내 합격자소서
(http://www.saramin.co.kr/zf_user/public-recruit/coverletter?real_seq=35076)

5) 입사 후 포부

자소서를 통해 인사 담당자가 궁금해 하는 것은 나의 과거가 아니라 미래이다. '입사 후 포부'에 대한 질문은 과거를 묻는 다른 문항과 달리 미래를 직접적으로 묻는 문항이다. 내가 미래에 직무와 관련해서 어떤 성과를 낼 수 있는지, 구체적인 목표가 수립되어 있는지, 조직생활에 적합한 인재인지, 조직원들과 협업할 수 있는 능력을 보유하고 있는지 등을 알기 위한 문항이다.

이 문항에서 자신의 역량과 지원 분야에 대한 이해를 바탕으로 개인적인 목표와 회사의 목표를 연결시켜 답해야 한다. CEO가 되고 싶다, 오랫동안 근무하고 싶다, 자기 계발을 하고 싶다 등과 같은 개인적인 희망 사항을 적는 실수는 하지 않는다.

기업의 이념이나 목표에 본인이 기여할 수 있는 부분을 제시하거나 자신의 역량을 활용하여 업무 능력 향상, 성장을 위한 구체적인 계획을 밝힌다. 자신의 역량을 발휘하여 지원하는 회사에서 어떻게 업무 능력을 향상시켜 나가고 어떠한 성과를 내고 싶은지를 중심으로 적어야 한다. 성과를 표현할 때는 지원하는 업무에 대해 자세히 이해하고 있다는 점을 강조해 전문성을 강조하는 것도 효과적이다. 예를 들어 인사팀에 지원하는 경우에는 아래와 같이 작성할 수 있다.

'저는 작년부터 인공지능과 관련된 프로그램 공부를 계속 해나가고 있습니다. 이런 지식을 계속 쌓아 나가서 5년 뒤에는 직원들에 대한 데이터를 분석하여 직원 각자에게 딱 맞는 복지를 제공할 수 있는 복리후생 제도를 기획하겠습니다.'

이처럼 직원에 대한 '복리후생 제도의 기획'이라는 직무 제도에 대한 전문성뿐만 아니라 인공지능 지식까지 강조하여 표현하면 더욱 높은 점수를 얻을 수 있다.

나의 핵심 역량 : _____

_____

역량을 발휘하고 이루고 싶은 업무 성과(직무 관련 자세한 내용도 함께 기재)

_____

_____

_____

※ **입사 후 포부 예시**

입사 후 연구뿐 아니라 허가 및 출시를 위한 국제문서작성까지 제품 출시의 시작과 끝을 책임질 수 있는 전문가가 되고 싶습니다. 석사 기간 동안 새로운 합성법을 연구하였고 수득률을 높이기 위해 다양한 시약, 용매, 정제과정을 시도했습니다. 유기합성 및 중합, 정제 및 분석 경험은 합성공정개발을 위한 밑거름이 될 것입니다. 외국어 능력을 바탕으로 국내뿐 아니라 해외에서 유한양행 제품이 유통될 수 있도록 노력하겠습니다. 연구실 안전관리자로서 화학수입물질 서류와 안전관련 서류를 작성한 경험은 국제문서작성을 할 수 있는 기반이 될 것입니다. 이 역량들을 바탕으로 회사의 합성공정현황과 업무 프로세스를 익힌 후 신약개발을 책임지는 담당자가 되고 싶습니다. 00사가 세계적인 선도기업이 되도록 기여하겠습니다.

출처: 사람인 사이트 내 합격자소서
(http://www.saramin.co.kr/zf_user/public-recruit/coverletter?real_seq=35076)

그 외 자소서에서는 살면서 가장 힘들었던 경험, 문제해결 능력, 목표달성 경험 등에 대해 묻는다. 어떠한 문항이든 작성 원리는 동일하다. '가장 힘들었던 경험'에 대해 정말로 자신이 힘들었던 개인사를 적는 것이 아니다. 이 문항 역시 지원자의 역량 발휘에 대해 묻는 것이다. 가장 힘들었던 경험이 아니라 역량을 발휘하여 어려움을 극복한 경험을 답한다. 자신의 역량을 중심으로 정한 콘셉트를 모든 문항에 활용하고 가능하다면 첫 문장에 배치한다. 그리고 뒷받침하는 사례를 구체적으로 서술하되 지나치게 세밀한 묘사는 자제하고 자신의 성과, 성장과 배움을 중심으로 기술한다.

자소서는 자신을 주인공으로 하여 그 주인공이 성장하고 변화한 이야기이다. 본인의 역량을 지원업무나 기업에서 요구하는 인재상과 연결시켜 마무리하면 명확하면서도 흥미로운 자소서가 된다. 자소서를 쓸 때 문장력이나 필력은 크게 중요하게 작용하지 않는다. 기본적인 맞춤법과 문법을 지키고, 문항에서 묻는 질문에 명료하게 답한다.

4. 자소서 작성하기

한 편의 완성된 글로 자소서를 작성할 때에도 주제문을 큰 축으로 지금까지 살펴본 자신의 역량, 강점, 목표 등을 담은 나만의 콘셉트를 명확하게 드러내야 한다. 서론, 본론, 결론에 들어가야 할 내용들을 파악한 후에 자소서를 작성해야 탄탄한 구성을 갖출 수 있다. 자소서 구성에 대한 이해는 문항별 자소서 작성에도 적용된다.

1) 서론

인사 담당자가 한눈에 내용을 파악할 수 있도록 자소서의 첫 문장에 자신의 역량을 제시한다. 자유 형식의 자소서인 경우 주제문을 첫 문장에 두고, 문항별 자소서의 경우 질문에 대한 핵심적 답변을 한 문장으로 정리하여 첫 문장에 두거나 소제목을 쓰는 것을 추천한다. 소제목은 주제문과 같은 원리로 개발한다.

(1) 흥미 유발

서론의 주요 기능은 상대의 관심과 흥미를 유발하는 것이나 글자 수가 제한되어 있는 자소서에서 흥미 유발을 위한 노력을 굳이 하지 않아도 된다. 이미 인사 담당자는 합격 여부를 결정하기 위해 자소서를 읽고 있으니 흥미 유발이 크게 필요하지 않다. 인사 담당자가 서론에서 자소서에 흥미를 갖도록 하는 방법은 본인이 지원 회사에 적합한 인물이라는 생각을 갖게 하는 것이다. 쉽지 않은 일이나 역량과 목표를 반영한 주제문을 서론에 두면 불가능한 일은 아니다.

(2) 내용에 대한 예고

서론의 또 다른 주요 기능은 주제를 도입하여 본론의 내용을 적절히 예고하는 것이다. 서론에서 '색다른 상품진열 마케팅으로 매출 증가'라는 주제로 나의 역량이나 목표를 제시하면 본론에 관련 경험이 나올 것이라고 예상이 가능하다. 서론에서는 본론에 나오는 핵심적인 메시지를 예고해야 한다. 주제문이나 소제목을 서론에 언급함으로써 서론을 간결하고 명확하게 구성할 수 있다.

간혹 흥미 또는 궁금증 유발을 위해 주제문을 마지막에 제시하는 경우가 있는데, 이런 경우 인사 담당자는 궁금증을 갖기보다는 지원자가 하고 싶은 말이 무엇인지 몰라 지루함을 느끼고 흥미를 잃는다. 흥미가 가지 않는 자소서는 불합격 처리 된다. 주제문을 숨겨서 흥미를 유발하는 것이 아니라 주제문으로부터 나에 대한 흥미를 갖게 해야 한다.

2) 본론

자소서의 목적은 자신의 역량과 가능성을 설명하여 자신에게 관심을 갖고 앞으로 같이 일하고 싶다는 마음이 들도록 인사 담당자를 설득하는 것이다. 인사 담당자를 설득하기 위해서 서론에서 제시한 주제문, 즉 나의 역량과 가능성을 본론에서 나의 성장 스토리로 입증한다.

(1) 주제문 입증하기
- 구체적인 경험으로 입증한다.

주장은 상대가 믿어주길 바라며 내세우는 단정적인 문장으로 자소서에서는 주제문이 주장에 해당한다. 주장의 당위성을 증명하기 위해서는 주장을 뒷받침하는 자료와 증거가 필요한데 이를 근거라고 한다. 자기소개에서의 근거는 구체적인 경험이다. 주장에 대한 적절한 근거를 제시하여 주장의 타당성을 증명하는 것을 입증이라고 하고 주장과 입증을 함께 제시하는 것을 논증이라 한다. 입증 없이 주장만 제시하는 것은 독단적 단언이며 주장 없이 증거만 제시하는 것은 단순한 자료에 불과하다.[4]

자소서의 본론에는 논증 과정이 포함되어야 한다.

기업에서 요구하는 책임감, 협업 능력을 갖추었다고 설득하려면, "동아리 회장으로서 책임감 있게 동아리를 운영하였습니다", 혹은 "학생회 활동을 하며 협업능력을 키웠습니다"와 같이 추상적인 단어를 사용하여 근거를 제시하지 않는다. "동아리 인원도 적고 참여도 미비한 상황일지라도 동아리 회장으로 행사를 무사히 마무리하고 싶었습니다. 졸업한 선배들에게 일일이 연락하고 찾아가 지원을 받고 동아리 회원들에게 각자 할 수 있는 만큼의 일이 어느 정도인지 의견을 수렴하고 조금씩이라도 참여하도록 하였습니다"는 식으로 경험을 구체적으로 제시한다.

---

4) 권우진, 「스토리텔링을 적용한 자기소개 연구」, 『작문연구』, 13집, 255-279, 2011.

내가 어떤 사람인지를 드러내는 것은 '생각'이 아니라 '행동'이다. 사람의 성격이나 인간됨을 설명하는 가장 확실한 근거는 행동이다. 아리스토텔레스의 〈시학(Poetica)〉에 따르면 스토리는 "반드시 행동에 관한 것"이다.[5]

나에 대한 스토리에는 내가 아는 것이 아니라 내가 경험하고 행동하고 느낀 것을 다뤄야 한다.

– 역량을 직접적으로 자주 언급하지 않는다

자신의 역량이나 주제어를 인사 담당자에게 입증하기 위해 해당 단어를 본문에서 직접 반복적으로 언급하는 것은 자제한다. 이들은 소제목에서 한 번 정도 언급하면 충분하다. 잘 모르는 사람이 만나자마자 "나는 착하다"고 말을 한다면 믿기도 어려울 뿐더러 오히려 반감을 갖게 된다. 자소서에서도 마찬가지이다. 인사 담당자를 설득한다고 자소서에 강점을 표현하는 단어를 장황하게 반복해서 표현한다면 신뢰하기 어렵고 부족한 능력을 감추기 위한 과장이라고 여겨진다.

인사 담당자가 나를 책임감 있는 사람이라고 생각해주길 바란다면 책임감이라는 단어를 반복적으로 말하지 말고 힘든 상황에서 끝까지 일을 수행한 경험을 근거로 제시한다. 과장 없이 솔직담백한 표현으로 구체적인 경험을 근거로 제시할 때 나의 주장은 입증된다.

– 인사 담장자의 입장에서 입증한다

지원자 본인은 자소서에 담긴 내용을 직접 경험하고 전후 맥락을 다 알고 있으므로 핵심 내용이 누락되거나 전달되지 못해도 그것을 잘 인지하지 못할 수 있다. 인사 담당자는 나의 생각이나 맥락을 전혀 모른 채 오로지 자소서에 적힌 내용으로만 합격 여부를 결정한다. 그렇기 때문에 자소서는 인사 담당자가 이해하고 받아들일 수 있도록 인

---

5) Donovan, J., How to deliver a Ted talk, 2012. 김지향(역), 『TED 프레젠테이션』, 인사이트앤뷰, 2014.

사 담당자 입장에서 작성해야 한다.

자소서를 작성 후 제 3자에게 검토를 부탁해 이해가 되지 않는 부분이 있는지 점검한다. 자신의 의도와 제대로 전달되었는지 확인한다. 부탁할 사람이 없다면 일정 시간 후에 본인이 다시 읽어보며 검토한다. 이러한 과정을 거쳐 자소서의 사실 전달과 논리적 구조를 꼼꼼하게 점검한다. 인사 담당자 입장이 된다는 것은 이들의 판단 기준을 갖는다는 것도 의미한다. 인사 담당자의 판단 기준은 근무 태도, 업무와 관련된 경험 여부, 조직 적응력 등 업무에 대한 적합성이니, 그 기준에 부합하는 내용이 제대로 구성되어 있는지 객관적 입장에서 검토가 필요하다.

(2) 나만의 성장 스토리, 스토리텔링하기

인사 담당자들이 지적하는 자소서의 주요 문제점 중 하나는 구체적이지 않다는 점이다. 이러한 지적이 나오는 이유는 지원자들이 자소서에 아르바이트를 했고, 동아리 회장을 했고, 공모전에서 수상을 했다는 등 경험들을 단편적으로 나열하기 때문이다. 자소서를 구체적으로 작성한다는 것은 나의 행동의 과정, 변화, 성장 등에 대해 이야기하는 것으로, '무엇을 했다'가 아니라 '왜', '어떻게 했다'를 중심으로 흐름이 있는 하나의 스토리가 있어야 한다.

'스토리'는 자신의 다양한 경험 가운데 강점과 관련된 경험을 선택하여 의미 있게 연결하고 해석을 부여하는 것으로, '텔링'은 정서적 감응과 공감을 이끌어 내며 친숙함을 높이는 표현방식을 의미한다.[6]

자기소개 스토리텔링은 자신의 삶을 소재로 지금까지 살아오면서 의미 있는 경험들을 선택하여 이야기를 만드는 것이다. 이야기를 만든다고 하여 소설처럼 허구를 쓰라는 것이 아니다. '나'라는 인물에 대해 흥미를 느끼고 공감할 수 있는 이야기를 구성하는

---

6) 주민재 (2015), 자기서사 쓰기의 스토리텔링 전략 분석. 〈한민족어문학〉, 71집, 179–206.

것이다.

스토리는 흥미와 공감을 이끌어내기 위한 훌륭한 수단이다. 스토리를 통해 나의 구체적 특성을 잘 드러낼 수 있고, 사실관계의 정확성과 진솔함도 전달할 수도 있다. 이야기를 만들고 나서는 제3자의 입장에서 "그래서 어쨌다는 것이지?", "말하려는 것이 무엇이지?"라는 질문을 던지며 회사에 기여할 부분이 무엇인지 점검한다. 나의 이야기가 상대를 이롭게 할 때 상대의 관심과 흥미는 더 커진다.

– 변화한 주인공 되기

논증에 필요한 근거를 단순히 나열해서는 안 된다. 지원자들은 자신들이 이룬 성과들을 인과관계 없이 나열하는 실수를 했음에도 이를 스스로 인식하지 못하는 경우들이 종종 있다. 나열식 자소서를 탈피하고 나의 역량을 입증하기 위해서는 내가 주인공인 한 편의 이야기를 하면 된다.

주인공이 된다는 것은 성장하고 공감을 받는다는 것이다. 주인공의 성장 과정에서 독자가 재미와 감동을 느끼고 공감하는 것처럼 자소서의 주인공인 내가 성장한 과정에서 인사 담당자가 흥미와 관심을 갖는다. 경험을 하게 된 배경, 과정, 결과, 그리고 깨달음이 무엇이었는지에 대해 진지한 성찰을 통해 나의 변화를 보여준다. 이러한 단계적 변화를 보여주어야 인사 담당자는 나의 성과에 대해 신뢰한다.

– 실패를 통한 성장 이야기

자소서에 반드시 성공에 관한 이야기만 들어가야 하는 것은 아니다. "인생에 실패는 없다. 다만 배움이 있을 뿐이다"라는 말이 있다. TED 십계명 중에도 "자랑하지 말고, 약하게 보여라. 성공뿐 아니라 실패에 대해서도 언급하라"가 있다.[7]

인사 담당자는 지원자들이 과거에 성공만 했기를 기대하지 않는다. 중요한 것은 실패

7) Donovan, J., How to deliver a Ted talk, 2012, 김지향(역), 『TED 프레젠테이션』, 인사이트앤뷰, 2014.

를 했을 때 실패에 대처하는 모습이고, 실패의 분석하고 실패를 통해 성장하는 것이다. 자소서에 살면서 가장 힘들었던 경험을 묻는 이유도 성장을 보고 싶기 때문이다.

실패를 했을지라도 경험에 대해 깊이 성찰하고 반성한다면 충분히 의미가 있다. 사람들은 주인공이 어려움 없이 승승장구하는 이야기보다 고난과 역경을 이겨내며 성장하는 이야기에 더 재미를 느끼고 공감한다. 인사 담당자도 지원자가 어떻게 극복하고 성장하였는지에 대한 진솔한 이야기에 관심을 갖는다. 성장이란 나의 힘을 발견하는 것으로 성장 스토리에는 나의 역량이 들어가야 하고, 역량을 발견하고 발휘하는 성장 스토리에는 사람의 마음을 움직이는 힘이 있다.

생각해 보기 #1

자소서에서 스토리텔링의 효과*

스토리텔링을 이용한 자기소개의 효과는 크게 내용에 대한 이해도 향상, 수용도 향상, 그리고 각인 효과이다.

첫째, 스토리텔링을 통해 자기소개에 대한 이해도를 향상시킬 수 있다. '성실하다'라고 표현을 예로 들어보면, 이 서술은 주관적이자 가치 평가로, 구체적인 경험이나 근거 없이 '성실하다'라는 표현만으로는 상대에게 믿음을 주기 어렵다. 객관성을 확보하고 내용에 대한 이해도와 설득력을 높이기 위해서는 관찰 가능한 형태의 사실적 정보를 제공해야 한다. '한 번도 지각하지 않고 과제도 모두 기한 내에 제출하였다'라는 경험적 정보를 스토리텔링을 통해 제시한다면 '성실하다'는 추론적 이해가 가능하다.

둘째, 스토리텔링으로 내용 수용도가 향상될 수 있다. 구체적인 스토리 묘사는 사실성과 생동감을 높이고, 상대가 이를 머릿속에 형상화하면 진실하다고 믿는 경향도 높아진다. 사건에 대한 의미부여 과정에서 나타나는 가치관이나 이야기 자체가 가지는 극적 요소는 상대에게 감동을 주며 사람들은 감동을 받았을 때 친밀감을 느끼게 된다. 이러한 감동과 친밀감은 내용을 받아들이는 데 긍정적으로 작용한다.

---

* 권우진 (2011). 스토리텔링을 적용한 자기소개 연구. 〈작문연구〉, 13집, 255-279.

셋째, 스토리텔링은 각인 효과를 가진다. 실제로 겪은 일화나 경험담은 생생한 장면을 연상케 하고 더 잘 집중하게 하여 기억에 오래 남는다. 이것이 스토리의 각인효과이다. 사건들이 의미 있게 연결되면 하나의 사건이 다른 사건을 더욱 의미 있게 만들며 흥미진진한 이야기가 형성되고 메시지에 대한 각인 효과는 커진다. 그러므로 이력서를 채우듯 자신이 가지고 있는 경험치를 나열하기보다는 경험들을 연결하여 하나의 스토리를 만들어야 한다. 경험담은 논리상으로 근거의 역할을 하고, 구조상으로 부연 설명의 기능을 한다.

(3) 유기적 구성

TED 십계명 중에는 "연사가 가진 재능을 그저 단순하게 나열하지 마라"도 있다.[8] 여러 강점을 가졌다 하더라도 지원 회사가 요구하는 역량 하나를 선택하여 이를 중심으로 하나의 유기적인 스토리를 만들어 자소서를 작성해야 한다. 소통능력이 뛰어나고 음악적 재능도 있는 지원자가 있다고 하자. 음악적 재능이 있다면 학창 시절 음악으로 성과를 내거나 음악적으로 성장한 경험이 있을 것이다. 하지만 소통능력을 요구하는 기업에 지원할 때 굳이 음악과 관련된 경험을 자소서에 넣을 필요는 없다. 음악 관련 경험은 오히려 글의 응집력을 떨어뜨린다.

아무리 좋은 경험일지라도 주제문과 연관성이 낮다면 과감히 배제한다. 특별하고 자랑하고 싶은 경험일지라도 업무 강점이나 역량과 관련이 없다면 유용한 근거가 아니다. 강점과 관련된 여러 경험이 연결되어 하나의 주제로 엮일 때, 설득력 있는 유기적 구성이 된다. 주제를 중심으로 유기적 구성을 갖추어 나의 강점이 명확하게 드러나 인사 담당자가 내가 어떠한 사람인지 한 번에 파악할 수 있게 한다.

---

8) Donovan, J., How to deliver a Ted talk, 2012. 김지향(역), 「TED 프레젠테이션」, 인사이트앤뷰, 2014.

3) 결론

결론은 핵심적 내용을 정리하며 주장을 강조하는 부분이다. 그러나 인사 담당자들은 앞부분만 읽고 합격 여부를 판단하기도 하여 자소서에서 결론의 중요성은 서론에 비해 상대적으로 약하다. 결론에서는 자신의 미래에 대해 간결하게 언급한다.

본론에서 제시한 구체적인 경험으로부터 직무와 관련해서 어떠한 성과를 낼 수 있다, 구성원들과 융화하여 협업할 수 있다, 조직 생활에 잘 적응할 수 있다는 식으로 자신이 기여할 수 있는 부분을 강조하면서 글을 마무리한다. 자기소개서의 결론에서는 다시 내용을 요약하거나 서론에서 제시한 주제문을 반복, 강조할 필요는 없다.

중요한 점은 결론의 내용은 본론에서 제시되었던 핵심 내용과 모두 연관되어야 한다는 점이다. 본인이 기여할 수 있는 부분은 반드시 본론에 제시된 경험에 근거하여 읽는 사람이 충분히 유추, 예상 가능한 것이어야 한다. 본론의 내용과 연관성 없이 갑작스럽게 제시되는 기여 사항은 흐름을 방해하며 설득력을 떨어뜨린다.

자소서 작성 원칙

– 두괄식 구성
자소서의 질문에 대한 답은 첫 문장에서 배치한다. 인사 담당자는 수많은 자소서를 읽기 때문에 첫 문장에서 계속 읽어 내려 갈 것인지, 합격시킬 것인지 등을 빠르게 판단한다. 문항에 대한 핵심 답변을 첫 문장에 두어 명확성과 전달력을 높인다.

– 소제목 활용
소제목은 글의 내용을 요약하여 압축적으로 전달할 수 있다는 점에서 가독성에 도움이 된다. 두괄식 구성과 유사한 역할도 한다. 소제목을 활용할 경우, 소제목에 맞게 내용을 적절하게 요약하는 것이 중요하다. 그리고 소제목을 활용한다면 자소서의 모든 문항에 소제목을 붙여서 통일성을 갖춘다.

– 간결하고 짧은 문장 사용

문장은 가급적 짧게 쓰도록 한다. 문장이 길어지면 내용이 모호해져 전달력이 떨어질 수 있고, 주어와 서술어의 호응이 맞지 않는 기본적인 실수가 일어나기도 한다. 자소서는 문장력을 보기 위한 것이 아니므로 내용이 쉽게 이해되도록 문장을 짧고 간결하게 쓴다.

– 1인칭 주어와 접속어 사용 자제

'나'와 '저'와 같은 1인칭 주어를 쓰지 않더라도 본인의 이야기라는 것을 알기 때문에 1인칭 주어의 사용은 자제한다. 계속 반복되는 1인칭 주어는 글을 번잡스럽게 만들므로 꼭 필요한 부분에만 제한적으로 쓴다. 접속어를 자주 사용하는 것도 자제한다. 많은 경우 접속어가 없어도 글의 흐름을 파악하는 데 문제가 없다.

– 오탈자 확인

자소서에서 맞춤법을 틀리거나 오탈자가 있으면 부주의하고 성의가 부족해 보인다. 작성 후에는 여러 번 꼼꼼하게 읽어보며 맞춤법, 오탈자, 띄어쓰기, 비문 등의 오류가 없는지 확인한다. 시간적 여유가 있다면 하루 정도 지난 후 다시 읽으며 문장을 다듬는다.

– 예절에 맞는 높임법

부모님, 교수님에 대한 기본적인 높임법을 확인하고, 다음으로는 압존법에 맞는지 확인한다. 인사 담당자가 학교 선배보다 윗사람이기 때문에 '학교 선배님께서 권유하셔서'는 '학교선배가 권유해서'로 바꾼다. 압존법은 일상적 언어 예절에 적합한 수준으로 적용하면 된다.

– 면접 연계

면접에서의 질문은 대부분 이력서와 자소서, 그리고 면접 중 지원자의 답변에서 나온다. 자소서는 면접의 주요 자료로 활용되니 자소서에서 곤란한 질문을 유발할 수 있는 내용들이 있는지 점검해본다. 면접관의 입장에서 본인의 자소서를 보고 어떠한 점들을 질문할 것인지 예상 질문을 만들어보는 것도 좋다.

연/습/문/제

※ 자소서 작성 실습 및 셀프 점검

나의 역량과 목표를 중심으로 자소서를 작성합니다. 자소서를 작성하기에 앞서 주제문을 개발하고, 서론, 본론, 결론에 들어갈 내용들을 간략하게 적어 개요를 작성합니다. 특히 본론은 주제문이 설득적으로 전달될 수 있도록 역량이 발휘된 구체적인 경험 및 성장에 대한 내용으로 구성합니다.

역량과 목표가 반영된 주제문

_____

_____

개요

서론(주제문 소개)

_____

_____

본론(역량 관련 경험 소개)

_____

_____

결론(나의 목표 및 기여)

_____

_____

나의 역량과 목표에 대한 주제문과 개요를 토대로 자소서를 작성해 봅시다.

자신이 작성한 자소서를 읽어보고 아래 평가 항목에 부합하는 정도를 상중하로 표시해 봅니다.

		상	중	하
1	강점이 명확하게 드러났는가?			
2	지원자를 표현하는 한 단어, 혹은 명확한 이미지가 떠오르는가?			
3	강점이 회사의 인재상, 핵심 가치와 부합하는가?			
4	지원하는 회사, 업무와 맞는 내용인가?			
5	설득력 있는 구체적인 사례를 제시하였는가?			
6	지원하는 회사에 기여할 부분이 제시되었는가?			
7	글의 흐름이 매끄럽고 읽기 쉬운가?			
8	문장이 간결한가?			
9	오탈자, 맞춤법과 문법의 오류는 없는가?			
10	내가 인사 담당자라면 자소서를 읽고 지원자를 만나보고 싶다는 마음이 들겠는가?			

제2장

실전 면접 준비 방법

1. 면접에 대한 이해 : 면접은 무엇을 위한 자리인가?

면접은 서류 전형 또는 필기시험 다음의 전형으로 지원자가 회사에 적합한 인재인지를 총체적으로 판단하는 최종 관문이다. 면접관은 우수하고 조직에 적합한 인재를 선발하기 위해 두 가지 사항에 집중한다. 첫 번째는 지원자가 회사의 수익 창출에 기여할 만한 역량을 가졌는가, 두 번째는 조직에 잘 적응하여 다른 구성원들과 원만하게 지낼 수 있는가이다. 면접을 무사히 통과해야 취업 관문을 통과할 수 있으니 철저한 준비가 필요하다.

1) 자소서를 검증하는 자리이다

면접관들은 지원자가 자소서에서 제시한 업무 역량을 제대로 지녔는지를 확인하고 지원자의 본 모습이 무엇인지를 알기 위해 면접을 진행한다. 짧은 시간 동안 지원자들의 진짜 모습을 파악해야 하기 때문에 예리한 질문을 던질 수밖에 없는데, 면접관이 참고하는 주요 자료는 지원자가 제출한 이력서와 자소서이다. 따라서 면접에 들어가기 전에 반드시 자신의 자소서로부터 예상 질문을 뽑아보고 답변을 준비해야 한다.

지원자들은 자소서에 자기 자랑식의 유리한 내용만 적고 때로는 의욕이 앞서 과장이나 거짓을 적기도 하는 경우가 있다. 면접 중에도 좋은 점수를 받고 싶은 마음에 과장하여 답변하기도 한다. 면접관은 지원자의 거짓말과 모순점을 바로 찾아내는 데 익숙한 사람들로 답변의 진실여부를 쉽게 판단한다. 지원자가 거짓을 말하는 것 같다고 생각되면 면접관들은 별도의 지적을 하지 않고 그냥 불합격시킨다.

면접에서는 진솔하게 답을 해야 한다. 진솔한 답변은 일관되고 구체적인 답변이다. 모범 답안을 답하려고 하지 말고 어떤 질문이 나와도 자신의 강점으로 연결시켜 회사에 도움이 될 수 있다고 일관되게 답변한다. 자소서에서 활용한 나만의 핵심 콘셉트와 브랜딩을 면접에서도 적극적으로 활용해야 한다는 것이다. 자소서에서 모든 문항에 자신의 강점과 콘셉트를 담아내어 인사 담당자에게 뚜렷한 인상을 주어야 하는 것처럼, 면접에서도 모든 답변을 업무 역량 또는 회사에 기여할 수 있는 사항, 합격해야 하는 이유로 연결시킨다.

2) 회사의 인재상에 부합하는지를 확인하는 자리이다

서류 전형에서는 학점, 어학 점수, 자격증 등의 소위 말하는 스펙이 높은 사람이 유리하나 서류 전형을 통과하여 면접을 볼 때에는 스펙으로 당락이 결정되지는 않는다. 스펙으로만 인재를 채용할 것이라면 면접을 치를 이유가 없다. 일단 서류 전형을 통과했으면 회사에서 요구하는 기본 스펙은 갖추었다고 보고, 이들 가운데 회사의 구체적인 인재상에 부합하는 인재를 찾기 위해 면접을 한다. 면접은 서류 전형 결과를 반영하지 않은 제로베이스(zero-based) 방식이라고 봐도 무방하다.

자신이 인재상에 부합하는 사람이라는 것을 증명하기 위해서는 먼저 지원 회사가 원하는 바를 구체적으로 파악해야 한다. 회사는 기본적으로 일 잘하고 원만한 성격의 인재를 선호하지만 회사마다 요구하는 업무가 다르고 고유의 분위기가 있기 때문에 생각보다 구체적인 인재상을 갖고 있다. 일반적으로 외모가 뛰어나고 성격이 좋은 사람들이 인기가 많지만 사람마다 외모와 성격에 대한 기준이 달라 각자 이상형이 다른 것처럼 말이다.

면접을 준비할 때에는 자소서를 작성할 때보다 지원 회사에 대해 훨씬 더 상세하고 깊이 있게 조사해야 한다. 지원 회사에 대한 모든 것을 조사한다는 마음으로 회사의 역사, 경영실적 등 기본적인 사항은 물론, 관련 기사를 검색하고 스크랩하여 회사와 관련된 이슈들을 파악하고 회사의 경쟁사도 조사하여 우위분석을 해야 하며 이를 통해 업계에서의 지원 회사의 위상, 업계와 회사의 전망도 예측할 수 있어야 한다.

회사에 대해 깊이 있게 조사하였다면 회사가 필요로 하는 인재가 어떠한 사람인지 파악하고 그에 맞게 자신의 역량, 핵심 콘셉트를 재정비한다. 이때의 역량과 콘셉트는 당연히 자소서와 일치해야 한다. 면접에서 나오는 모든 질문은 결국 회사에 도움이 되는 사람인지를 판단하기 위한 질문이므로, 모든 질문에 대해 나의 역량과 콘셉트를 담는다. 질문에 대한 정답을 고민하기보다는 나의 역량, 내가 합격해야 하는 이유, 지원 업무를 하고 싶은 이유, 회사에 기여할 수 있는 점 등으로 연관시켜 답할 방법을 고민한다.

3) 면접은 말하기 시험이 아니다

면접관은 회사 상황에 따라 구체적인 필요를 갖고 그에 맞는 인재를 찾기 위해 면접을 실시하는 것이다. 그렇기 때문에 임기응변이나 기술적 답변만으로는 면접관에게 좋은 점수를 받을 수 없다. 면접에서 중요한 것은 질문에 막힘없이 유창하게 대답하는 것이 아니라 자신이 기업에서 요구하는 요건을 갖춘 인재라고 면접관을 설득하는 것이다. 자소서가 글쓰기 실력 테스트가 아닌 것처럼 면접은 유창한 말하기 시험이 아니다.

면접을 잘 본 것 같았는데 실제 결과를 보면 불합격한 지원자들이 간혹 있다. 면접관이 부드러운 미소로 좋은 분위기를 만들어주어 편안하게 준비한 답변을 잘 한 것도 같아도 탈락하곤 한다. 대답은 유창했을지 몰라도 그 내용이 기존에 있는 내용이나 모범 답안을 정리해서 외워서 그대로 말해 면접관을 설득하지 못했기 때문이다. 또는 답변이 경영 이념이나 조직 철학과 맞지 않았기 때문이다. 실수 없이 말을 잘 한다고 해서 면접에 합격하는 것이 아니다. 회사에서 요구하는 업무 역량을 지녔으며 자신을 합격시키는 것이 회사에 도움이 된다고 면접관을 설득해야 합격한다.

지원 회사가 원하는 업무 역량과 회사 분위기 등을 파악하고 이에 부합하는 방향으로 본인의 생각을 명확하게 전달하였다면 대답 중에 말을 더듬거나 잠깐 끊기는 정도의 실수는 큰 문제가 되지 않는다. 다른 사람 앞에서 공식적으로 말하기를 한다는 것은 누구에게나 긴장되는 일이다. 더욱이 면접관의 평가에 따라 합격 여부가 결정되기 때문에 긴장되는 것은 당연한 것이고 합격을 간절히 원하는 상황일수록 긴장감은 커진다. 면접관도 지원자가 긴장해서 말을 더듬는 정도는 이해한다. 회사에서 원하는 것은 유창한 말하기가 아니라 업무 역량임을 명심한다.

면접에서 주의해야 할 사항

면접은 회사와의 공식적인 첫 만남으로 면접에서 지원자에 대한 첫 인상이 형성된다. 인상이 면접에 영향을 준다는 인사 담당자 대상의 조사결과도 있듯이 길지 않은 시간 내에 합격 여부를 판단해야 하기 때문에 첫 인상은 생각보다 중요하게 작용한다. 첫 인상은 지원자의 복장, 자세, 태도 등 다양한 요인들로 결정된다. 면접 전에 면접 미리 방문하는 것은 면접 당일 익숙하고 편안한 태도를 갖는 데에 도움이 된다.

– 복장
복장을 잘 갖추는 것은 기본이다. 면접관이 복장을 눈여겨보거나 복장을 잘 갖췄다고 점수를 잘 주는 것은 아니지만 상황에 맞지 않은 복장은 부정적으로 평가될 수 있으니 무난하게 입는다. 튀고 싶은 마음에 화려하거나 너무 편안한 옷을 입는 것은 면접관에 따라 감점 요인이 될 수도 있으므로 자제한다.

– 대기 중
대기 중에도 지원자의 태도, 표정 등에 대한 평가가 진행된다. 면접장에 도착하면 인사하고 대기 장소 안내받고 바른 자세로 앉는다. 대기실에서 기다리는 동안에 휴대전화는 꺼내지 않는다. 면접을 기다리는 상황은 누구에게나 엄청난 긴장감을 가져오니 긴장감은 당연한 것이라고 받아들이고 차분히 준비한 내용을 머릿속으로 정리한다.

– 입실
본인 순서가 되어 호출되면 힘 있는 목소리고 답하고 일어나 지시에 따라 면접실로 들어간다. 문이 닫혀 있으면 가볍게 노크를 한 후 들어가고 들어가서 면접관들에게 목례하고 별다른 지시가 없으면 지정된 자리에 가서 "안녕하십니까? OOO입니다" 라고 소개한다. 이때 먼저 자리에 앉지 않고 조용히 서 있다가 면접관이 자리에 앉으라고 권하면 앉는다. 입실하는 짧은 순간에 지원자에 대한 첫인상이 어느 정도 형성되므로 예의바르면서도 자신감 있는 태도로 임한다. 앉을 때는 허리를 바르게 세우고 너무 깊숙이 앉지 말고 의자의 ⅔ 정도에 앉는다.

- 면접 중

면접관의 질문에 2~3초 후 답하는 것이 좋다. 질문이 끝나자마자 답변하면 가볍거나 급하다는 인상을 주기 쉽고, 너무 시간을 끌면 이해력이 부족하거나 답변 능력이 없는 것으로 여겨진다. 면접관의 질문을 끝까지 듣고 질문의 의도를 파악하고 자신의 의견을 분명하게 말한다. 혹시 질문을 이해하지 못하는 경우에는 예의를 갖춰 "질문을 잘 듣지 못하였습니다. 다시 한 번 말씀해주시겠습니까?"라고 정중하게 되묻는다. 질문의 의도를 제대로 파악하지 못하고 엉뚱한 답변을 하는 것보다는 다시 묻는 것이 낫다.

- 집단 면접인 경우

집단 면접인 경우 다른 지원자가 답변을 하는 동안 대기를 해야 한다. 이 때 다른 지원자를 계속 응시하거나 자세를 틀지 않고 바른 자세를 유지하면서 표정은 담담하게 유지한다. 무의식적으로 다른 사람의 답변에 대해 평가적 표정을 지을 수 있는데 이는 면접관에게 좋지 않은 인상을 준다.

면접관이 모든 지원자에게 동일한 질문을 하는 경우도 있다. 첫 번째 순서인 경우 답변할 시간이 충분하지 않다는 점에서는 불리할 수 있으나 자신의 생각을 소신 있게 전달할 수 있다는 장점이 있다. 뒤이어 답변하는 지원자들은 준비할 시간이 확보되기는 하나 본인이 생각한 답변을 앞에 지원자가 답해버리면 당황스럽다. 비슷한 답변을 하는 것이 큰 감점 요인은 아니니 급하게 답변을 바꾸지는 않는다. 다만 따라하는 것처럼 보이지 않도록 "저도 같은 생각입니다"라는 말은 하지 않고 가급적 앞 지원자와 다른 단어를 사용해서 답한다.

- 면접 후

모든 질문이 끝난 후에도 평가는 지속된다. 면접이 끝났다고 하면 자리에서 일어나 면접관들에게 "감사합니다"라고 인사를 한다. 이 때 연장자인 면접관에게 "수고하셨습니다" 라고 인사하는 실수를 하지 않는다. 면접관이 서류를 보느라 지원자들을 보지 않고 있어도 면접관을 향해 인사를 하고, 조용히 문을 닫고 나간다.

면접이 끝났다고 바로 휴대전화를 꺼내 누군가에게 전화를 한다거나 검색하지 않는다. 대기실에서 면접 진행을 하는 분들에게도 인사를 하고 차분한 태도를 유지하며 건물 밖으로 나온다. 회사 건물에서 나오기 전까지 면접이 진행되고 있다고 생각하고 끝까지 표정, 말, 태도를 조심한다.

2. 면접의 답변 원칙 : 질문 유형별 답변 방법

면접에서 질문을 받으면 먼저 질문의 의도가 무엇인지를 파악한다. 면접의 모든 질문의 의도는 지원자가 업무 역량을 갖추어 회사에 도움이 될 사람인지를 판단하려는 것이다. 정확하게 판단하기 위해 여러 가지 질문을 하는 것으로 나의 답은 나를 합격시켜야 하는 이유로 연결되어야 한다. 답변은 두괄식으로 하고 한 문장에 주어와 동사를 한 번씩만 사용하여 단문으로 표현하면 간단명료하게 답변할 수 있다.

1) 역량 면접 : 구체적인 지표로 답하기

역량 면접은 직무수행능력을 평가하여 지원자가 회사 이익창출에 기여할 수 있는 인재인지를 판단하는 자리이다. 면접관은 지원자의 경험과 지원 분야에 대한 기본 지식으로부터 업무 성과를 낼 수 있는지를 예측한다. 그렇다고 지원자에게 입사하자마자 성과를 낼 수준의 역량을 기대하는 것은 아니다. 회사에서는 신입사원이 입사 후 교육을 받고 업무를 통해 배워가며 평균 1년은 지나야 수익 창출에 기여할 수 있다고 본다. 역량 면접에서는 기본적으로 기업 및 업무를 이해하고 습득하는 정도를 판단하므로, 뉴스 등의 자료를 참고하여 기업 전반에 대해 세밀하게 분석하여 준비한다.

(1) 업무 관련 지식에 관한 질문

역량 면접에서는 기본적인 업무 관련 지식을 직접 물어보거나 지원 회사의 제품이나 새로운 기획 등을 질문하기도 한다. 정확한 지식이나 구체적인 수치로 답변하지 못하고 두루뭉술하게 답하면 제대로 준비가 되지 않았다고 판단된다. 역량 면접은 평소에 전공 혹은 지원업무에 대한 관심을 갖고 기본 지식을 바탕으로 관련 기사를 읽어가며 꾸준히 준비해야 한다. 사회적 이슈에 대해 질문할 경우도 있는데 가능하다면 지원 회사와 연관시켜 답하도록 하고, 자신의 정치적, 종교적 신념을 너무 강하게 드러내는 것은 자제한다.

질문 예시

- 반도체란 무엇인가?
- 철골구조 접합 방법에 대해 설명하시오.
- 오늘 아침 신문의 헤드라인은 무엇인가?
- 최근시사문제에 관심 있는 문제는 무엇인가?

- 우리 회사하면 떠오르는 것은?
- 우리 회사 제품의 장단점은 무엇인가?
- 우리 회사 제품의 개선 방향은?
- 혼자 사는 30대들을 대상으로 새로운 상품 기획을 해보시오.
- 우리 회사가 다른 분야에 새로 진출한다면 어느 분야가 좋겠는가?
- 우리 회사는 어떠한 마케팅 전략이 필요한 것 같은가?

---

(2) 업무 관련 경험에 관한 질문

지원자의 경험과 성과를 바탕으로 미래 유사한 업무 상황에서 잘 대처할 수 있을지를 판단 가능하기 때문에 업무 수행과 관련된 아이디어나 유사 경험에 대해 질문한다. 이는 행동 중심 면접(Behavior Based Interview)에 해당한다. 업무 관련 경험에 대한 질문에 대해서는 행동으로 옮긴 경험이나 실제적인 성과를 중심으로 답한다. 예를 들면, "리더십이 있다"와 같은 추상적 답변 대신 리더로서의 실질적인 성과를 구체적으로 보여준다.

지엽적이거나 기술적 묘사에 비중을 두지 말고 지원 분야의 업무를 염두에 두고 구체적 성과를 제시한다. 자신의 경험에 대해 말할 때에는 "~을 경험해 성공한 적이 있습니다", "~을 실천에 옮긴 적이 있습니다"와 같이 행동 지향적으로 끝맺는 것이 유리하다.[9] 그리고 과거의 경험이라고 해서 과거에만 머무르지 말고 현재 또는 미래와 연결한다.

질문 예시

- 지원 업무와 관련된 경험이나 성취가 있는가?
- 지원 업무와 관련된 아르바이트 경험이 있는가?
- 포기하지 않고 도전해서 성취감을 느꼈던 경험이 있는가?
- 업무 수행 시 구성원 간의 갈등이 발생하면 어떻게 해결하겠는가?
- 전략적인 분석으로 문제해결 한 경험이 있는가?
- 동아리 등에서 리더로서 성과를 낸 적이 있는가?

---

2) 인성 면접 : 일관성 있게 답하기

회사는 아무리 역량이 뛰어나다 하더라도 조직에 적응하지 못하고 다른 구성원들과 원만한 관계를 유지하지 못하는 사람을 원하지는 않는다. 인성면접은 회사 생활을 하며 조직 및 구성원들과 잘 융화할 수 있는가를 평가하는 면접이다. 역량 면접에 비해서 질문이 어렵지는 않지만 인성 면접에서는 지원자의 실체를 파악하기 위해 날카로운 질문을 한다. 과장이나 거짓말을 하게 되면 만회가 어렵다. 정답이 따로 있는 것은 아니기

---

9) 정동수, 백승우 (2009). 『면접의 기술: 기본 스펙으로 뚫는 1% 합격의 비밀』, 은행나무.

때문에 모범 답안을 생각하지 말고 자신의 생각을 일관되게 답하는 것이 중요하다.

(1) 자소서를 기준으로 답한다

일관되게 답변을 하기 위해서는 자소서에 제시했던 자신의 특성들을 상기하며 그것을 기준으로 답한다. 예를 들어, 자소서에 의사소통 능력을 강조하였다면, 존경하는 인물이 누구냐는 질문에 교과서적으로 역사적 위인을 답하지 않고 소통능력이 뛰어난 인물을 답하는 것이 일관적인 답변이다. 자소서에서 강조했던 본인의 강점들과 일맥상통하는 답을 해야 한다.

이해관계가 상충하는 경우에 어떻게 대처하겠냐는 질문에서 기본적으로 회사에 이익이 가는 쪽으로 답해야 하겠지만, 순수하게 나의 가치관을 묻는 질문에서는 자소서와 일치하는 내용으로 답한다. 자소서와 다른 내용으로 답변을 하게 되면 자소서나 면접 중에 하나는 거짓이라고 판단되어 합격에서 멀어지게 된다.

(2) 진솔하게 답한다

일관된 답변을 하기 위한 가장 쉬운 방법은 솔직하게 답변하는 것이다. 잘 보이려는 의욕이 앞서 본인의 생각과 달리 모범 답안을 말하거나 거짓을 말하는 경우가 있는데, 면접관은 바로 날카로운 추가 질문을 던져 답변이 거짓임을 확인한다. 면접관은 나의 진짜 민낯을 알고 싶어 하기 때문에 답변 내용과 함께 목소리, 눈빛, 몸짓 등의 비언어적 요인도 주의해서 보고 있다. 극도의 긴장 상태에서 면접관의 날카로운 시선을 속여가며 앞의 거짓말을 덮기 위해 또 다른 거짓말을 천연덕스럽게 계속 이어가는 것은 거의 불가능하다.

면접관은 지원자의 모든 답변을 종합적으로 고려하여 합격 여부를 결정한다. 서로 연관이 없는 질문이라도 솔직하게 답하지 않으면 결국 일관되지 않는 점들이 나타나기

마련이다. 자소서에서 자신의 역량을 중심으로 명확한 이미지를 남겨야 하는 것처럼, 면접에서도 자신의 생각에 대해 진솔하게 답하여 일관성을 유지하여 자신만의 뚜렷한 이미지를 만들어야 한다.

(3) 침착하게 대응한다

자제력 혹은 인내심을 평가하려는 목적으로 일부러 지원자를 당황하게 만드는 질문을 던져 어떻게 대응하는가를 보려는 압박 면접도 있다. 하지만 면접 과정에서 불필요하게 지원자의 감정을 상하게 하면, 치열한 취업 경쟁 속에서 기업이 고압적 태도는 비난의 대상이 되고 압박 면접으로 탈락한 지원자는 해당 회사에 반감을 갖는 소비자가 된다. 이러한 이유로 최근에는 압박 면접은 거의 사라졌다.

면접관이 추가 질문을 계속하면 압박 면접처럼 느껴질 것이다. 이런 경우 면접관의 의도를 파악한다. 나의 답변에 거짓이 있는 것 같아 이를 확인하기 위한 것일 수도 있고, 나에게 관심을 갖고 궁금해서 계속 물어보는 것일 수도 있다. 전자인 경우 의욕이 앞서 과장했음을 솔직하게 인정하는 것이 낫다. 후자인 경우에는 추가 질문에 침착하게 일관되게 답변을 잘해나간다면 긍정적 평가를 받을 수 있다. 면접은 누구에게나 부담되고 긴장되는 상황이니 합격을 위해 평정심을 잃지 말고 침착하게 답변을 해나려고 노력한다.

질문 예시

- 자신의 장단점은 무엇인가?
- 존경하는 인물은 누구인가?
- 중요하게 생각하는 가치관은 무엇인가?
- 대학 생활을 하며 얻은 것은 무엇인가?

- 살면서 가장 후회되는 일은?
- 최근에 읽은 책이나 영화에서 인상 깊었던 점은 무엇인가?
- 대인 관계에서 가장 중요하게 생각하는 것은 무엇인가?
- 상사가 납득하기 어려운 지시를 한 경우 어떻게 하겠는가?
- 높은 연봉과 적성 가운데 무엇을 선택하겠는가?
- 워라밸에 대해 어떻게 생각하는가?
- 직장 선택의 기준은 무엇인가?
- 바람직한 직장인의 모습은 무엇인가?

면접에서의 비언어적 커뮤니케이션 요인

– 면접관 모두와 천천히 시선을 교환 한다.

면접에서 자신감 있는 태도는 합격 여부에 큰 영향을 미친다. 지원자들은 자신감 있는 태도를 보이기 위해 목소리, 자세 등은 비교적 잘 관리한다. 면접 중에 작게 소리를 내거나 자세를 흐트러뜨리는 경우는 드물다. 자신감이 거짓 없이 드러내는 곳은 눈빛, 시선이다.

눈빛은 목소리나 자세에 비해 통제하기 쉽지 않아 사람의 심리 상태를 그대로 보여주므로 특별히 신경 써서 시선 처리에 주의를 기울여야 한다. 시선을 마주치지 않거나 피하는 행동은 자신감 부족으로 여겨지고 이러한 태도는 매우 불리하다. 의식적으로 자신감 있는 태도를 보이기 위해서라도 적극적으로 시선을 교환한다.

면접관의 눈을 지나치게 빤히 보는 것은 불안감, 초조함, 의심 등을 의미하는 행동이므로 1:1 개인 면접인 경우 대화의 80% 정도만 눈을 맞춘다. 면접관이 여러 명인 경우에는 질문을 하는 면접관과 눈을 마주치고 답변을 시작하고 자연스럽게 다른 면접관으로 시선을 옮긴다. 한 명과 3초 정도씩 충분히 눈을 마주치며 면접관 모두와 시선 교환을 한다. 지원자를 쳐다보지 않고 서류를 보는 면접관이 있을 수 있다. 면접관이 지원자 관련 서류를 보는 것은 당연한 일이니 당황해하지 말고 자신을 바라보고 있는 면접관들과 먼저 시선 교환을 한다.

기계적으로 시선 처리를 하는 것이 아니라 "잘 할 자신이 있습니다"라고 말을 하듯 진심을 담아 시선 교환을 한다. 시선을 편안하게 처리하면 자신감은 저절로 묻어나온다. 면접관에게 교감을 했다는 느낌을 주며 좋은 인상을 준다. 자신감 있는 태도는 면접에서 매우 중요하게 작용하므로 당당하게 시선을 교환한다.

– 성의 있게 발음한다.

면접자가 어느 정도의 준비가 되어 있고 어떠한 상태인지는 목소리를 통해서도 드러난다. 단순히 소리를 크게 내라는 것이 아니라 목소리에 힘이 실려 있어야 자신감이 느껴진다. 면접에서는 긴장된 상태이므로 목소리에 힘이 잘 안 실릴 수 있다. 생각과 달리 소리가 기어들어가고 끝을 흐리기도 하므로 의식적으로 입을 벌려서 끝까지 성의 있게 발음한다. 이렇게 하면 발음이 부정확하거나 말의 속도가 빠른 것도 어느 정도 해결할 수 있다.

– 목소리의 완급 조절을 한다.

면접이 진행되는 동안 목소리에 힘을 싣되 일정한 톤으로 답하지 않는다. 크기, 높이, 쉬기, 힘주기 등에 변화가 없으면 생동감이 느껴지지 않는다. 내용에 따라서 낮은 목소리로 부드럽게 말해야 할 부분이 있고 강력하게 큰 목소리로 말해야 하는 부분도 있다. 강약을 조절하기 전에 호흡을 한 번 한다면 생동감 있게 말할 수 있다.

면접에서 갑자기 억지로 완급 조절하려고 하면 어색해질 수 있으니 평소 대화에서 자신이 어떻게 크기, 높이, 강세 등을 하는지 유의 깊게 살펴보는 것이 도움이 된다. 내용에 대한 나의 감정과 열정을 떠올리며 기계처럼 단조롭게 말하지 않도록 한다. 열정을 담아 답변을 하면 완급 조절은 자연스럽게 된다.

– 실수를 했어도 대범하게 넘긴다

답변 중에 실수를 하거나 답변이 만족스럽지 못했다고 표정에 아쉬움이나 당황스러움을 드러내며 자책하지 않는다. 이런 행동은 이후 답변에도 부정적 영향을 미친다. 그냥 넘길 수 있는 실수였는데 면접관에게 실수를 했다는 것을 알려주며 확대해석하게 할 수도 있다. 생각대로 면접이 잘 진행되지 않으면 심호흡한 번 하고 대범하게 넘기고 다음 질문에 집중한다.

면접관은 실수 자체보다는 실수에 대처하는 방법에 더 주목하기도 한다. 긴장된 상황에서 실수는 누구나할 수 있는 것이고 실수를 잘 넘기는 것이 중요하다. 실수를 저질렀다 해서 포기하거나 어색하다고 하여 웃지 않는다. "너무 긴장을 했습니다. 다시 하겠습니다"라고 깔끔하게 인정하고 다시 시작한다.

3. 면접의 필수, 1분 자기소개 준비하기

1) 1분 자기소개 준비

1분 자기소개는 대부분의 면접에서 첫 번째로 나오는 질문으로 면접 응시자들은 기본적으로 자기소개를 준비해야 한다. 하지만 자기소개로 합격 여부가 결정되는 경우는 매우 드물다. 본격적인 면접에 앞선 워밍업 정도라고 생각하면 된다. 1분 자기소개는 서류전형에 제출했던 서류들과 중복되는 내용들이 많을 수밖에 없어 면접관들도 새로운 내용을 기대하지 않는다. 그렇다고 자기소개를 적당히 준비해서는 안 된다. 명확하게 간결하게 자기소개를 하여 좋은 인상을 남긴다.

(1) 하나의 핵심 단어로 소개하기

자기소개에서 첫인상이 결정되므로 면접관들의 이목을 끌 수 있는 자기소개를 준비한다. 이력서나 자소서에 적혀 있는 경험, 이력들을 반복적으로 나열해서는 강렬한 인상을 줄 수 없다. 면접관이 가장 관심 가질 하나의 역량에 집중하여 나의 콘셉트를 명확하게 전달한다. 또는 자소서의 여러 문항에 분산되어 있는 나의 강점과 특징들을 하나로 응집한다. 자소서에 자신을 표현하는 한 단어를 곳곳에 녹여냈다면, 1분 자기소개에서는 그 단어를 직접 드러내고 이를 가장 잘 뒷받침하는 경험과 자신의 목표를 설명한다.

(2) 자소서와 전혀 달라도, 똑같아도 안 된다

1분 자기소개가 서류전형에 제출한 자소서와 중복되는 것은 당연하다. 오히려 자소서와 다른 내용으로 자기소개를 하면 면접관들에게 혼란을 일으킨다. 자소서에서 강조했던 나의 강점을 1분 자소서에도 강조해야 하나 그렇다고 자소서와 토시 하나 다르지 않게 똑같이 하면 성의가 부족해 보인다. 구어체와 문어체는 다르므로 자소서를 그대로 말하면 어색하게 들린다는 문제도 있다. 자소서의 표현을 말하기 편한 문어체 표현으로 수정하고 주어진 시간에 맞게 분량을 조절하고 핵심 단어와 가장 연관성 높은 경험을 중심으로 재구성한다.

(3) 40초 내외로 준비한다

1분 자기소개라고 하여 1분을 다 채울 필요는 없다. 1분이라는 제한을 두는 것은 짧게 자기소개를 하라는 의미이니 40초 내외로 간결하게 준비한다. 간혹 면접 시간이 지체되었거나 자기소개에 별다른 내용이 없으면 면접관은 자기소개를 중단시키기도 한다. 이런 경우에 대비하기 위해서라도 역량과 목표를 담은 주제문으로 시작하여 나만의 콘셉트를 첫 문장에 두는 두괄식으로 간결하게 준비한다.

2) 1분 자기소개 구성

(1) 서론
– 강점과 목표를 담은 주제문으로 시작한다

서론의 주요 기능은 주제를 소개하며 이후 내용을 예고하는 것이다. 1분 이내의 짧은 시간이 주어졌기 때문에 서론에서는 주제문을 밝히고 바로 본론으로 넘어간다. 여기서 주제문은 자소서를 작성하기 위해 개발했던 주제문을 그대로 이용한다. 예를 들면 "안녕하십니까? 여행정보 제공 프로그램을 개발하여 편안한 여행을 돕고 싶은 000입니다"라고 시작한다. 이러한 주제문에는 자신의 강점을 활용해 달성하고 싶은 목표가 담겨 있어 주제문 하나로 내용 전체를 전달하고 면접관이 알고 싶어 하는 핵심적 내용을 명료하게 제시할 수 있다.

– 이름이 아니라 역량이 중요하다

간혹 면접관들에게 자신의 이름을 기억시키기 위해 이름을 활용하여 첫 문장을 시작하는 지원자들도 있는데 그리 추천하는 방법은 아니다. 면접은 대학생 신입생 환영 자리처럼 앞으로 함께 지낼 선배, 동기들에게 내 이름을 기억시켜야 하는 자리가 아니다.

면접관은 지원자가 업무 역량을 지녔는지, 좋은 인성의 소유자인지가 궁금하지 지원자의 이름이 궁금하지는 않다. 이름은 이미 이력서에 나와 있고 면접관 입장에서 이름은 지원자를 식별하는 수험번호와 유사한 기능을 할 뿐이다. 1분이라는 짧은 시간을 이름에 대한 설명으로 흘러보내면 안 된다. 서론의 주요 기능 중 하나는 본론의 내용을 예고하는 것이다. 남은 시간에도 계속 이름에 대해 설명할 것이 아니라면 이름을 활용하여 서론을 채우지 않는다.

(2) 본론
– 주제문의 구체적 근거를 제시한다

해당 업무와 관련된 경험이 많아 준비된 인재상이라는 인상을 줄 수 있도록 역량 관련 경험이나 의지를 중심으로 내용을 구성한다. 서론에서 여행정보 제공 프로그램을 개발하여 편안한 여행을 돕고 싶다고 밝혔다면, 본론에서는 여행에 대한 경험과 프로그램 개발 능력에 대해 언급하며 주제문을 뒷받침한다. 여행을 많이 다니며 잘 알려지지 않은 정보들의 필요성을 느끼고 이를 수집하고 있으며, 평소 프로그램 개발에 관심이 있어 정보 제공 프로그램을 개발한 적이 있다는 내용을 담는다.

주제문에 담긴 역량과 관련된 구체적인 경험과 생각을 간결하게 정리해야 한다. 주제문을 뒷받침하는 내용을 본론에서 전달해야 논리적인 구성을 갖추었다는 평가를 받을 수 있다. 1분 자기소개에서도 기본적인 논리를 갖추지 못하면 더 복잡하고 어려운 업무는 수행하지 못할 것이라고 판단된다.

– 추상적 표현은 자제한다.

면접관은 자소서에 기재된 역량이 업무에서도 발휘되어 성과를 낼 수 있을지를 검증한다. 검증은 객관적인 사실에 의해 이뤄지는 것이다. 역량을 뒷받침하는 구체적인 경험은 없이 성실, 열정 등의 단어들로만 자신을 표현한다면 내세울 만한 능력이 없어 애써 포장한다는 인상을 준다. 1분 자기소개에서 면접관에게 강렬한 인상을 남기기 위해서는 열심히, 최선, 성실, 도전, 열정 등 그럴듯해 보이지만 설득력은 낮은 추상적이고 진부한 표현은 자제한다.

(3) 결론

결론은 주제를 강조하며 마무리하는 단계로 미래의 계획, 회사에 기여하고 싶은 바에 대해 언급하며 마무리한다. 미래의 계획이 구체적일수록 취업에 대한 확고한 의지가 있다는 느낌을 주므로 자신과 회사의 공통적 목표를 구체적으로 제시하며 마무리한다. 마지막 문장이 너무 길면 늘어지는 느낌을 주고 실수할 가능성이 높아져 매끄럽게 마무리 못 할 수 있다. 마지막 문장은 짧게 간결하게 준비하여 면접관들에게 강렬한 인상을 남긴다.

1분 자소서 예시

안녕하십니까? 세심한 식단으로 시니어분들의 건강을 챙기는 영양사가 되고 싶은OOO 입니다.
← 강점과 목표를 담은 주제문

저는 사회봉사센터에서 시니어 분들에게 식단을 짜고 요리를 해드리는 봉사를 한 적이 있습니다. 정성이 느껴지는 식단을 제공하고 싶어 할머니 할아버지께 건강 상태를 여쭙고 거기에 맞게 요리하였습니다. 당뇨가 있으면 설탕을 줄이고 치아가 불편하면 부드러운 음식을 드렸더니, 한 할머니께서 세심하게 신경 써줘서 고맙다며 입맛에 다 맞아 남길 게 없다는 말씀을 해 주셨습니다. 저는 그 때 진정한 영양사는 식단만 맞추는 것이 아니라 세심하게 영양을 챙기는 사람이라는 것을 깨달았습니다. 중고등학교때 독거노인 말벗 봉사를 하며 어르신들과 친밀해지기 위해서는 말씀에 귀 기울여야 하고 몸이 불편하신 어르신들을 배려하는 법을 배운 것도 식단을 준비하는 데 많은 도움이 되었습니다. ← 역량에 대한 구체적 근거 (경험)

저의 세심함과 어르신들에 대한 배려심으로 시니어 분들에게 건강과 행복을 주는 영양사가 되고 싶습니다. 그리하여 OO 병원이 치료에서뿐만 아니라 식단에서도 환자의 건강을 최우선으로 생각하는 병원으로 성장하는 데에 기여하고 싶습니다. ← 계획과 기여점

1분 자기소개, 대본 없이 준비하자

면접의 첫 질문인 자기소개를 실수 없이 하기 위해 대본을 쓰고 토씨 하나까지 외우기도 한다. 하지만 자연스럽고 자신감 있는 자기소개를 하려면 대본을 쓰거나 외우지 않는 것이 좋다.

– 나의 콘셉트를 중심으로 축과 흐름을 잡는다
먼저 내 콘셉트를 축으로 이를 발휘한 경험, 성과, 앞으로의 목표 등으로 흐름을 잡는다. 대본을 쓰지 말고 큰 축과 흐름을 중심으로 소리 내어 말로 내용을 완성한다. 내 콘셉트를 기준으로 흐름에 맞지 않는 내용들은 덜어내어 자기소개의 모든 내용이 중심과 연결되는 논리적 구조를 갖추도록 한다.

– 연습할 때마다 다양하게 표현해 본다
대본 없이 큰 틀만 있으면 연습을 할 때마다 표현이 달라진다. 이에 대해서는 두려움을 갖지 않는다. 자신의 생각을 다양하게 표현해 보는 것은 면접을 준비할 때 매우 유용한 방법이다. 큰 틀을 잡고 여러 가지 표현으로 즉흥적으로 답변을 하는 연습을 충분히 하면, 표현 능력이 좋아져 실전에서도 유연하게 대처할 수 있다. 그리고 연습하면서 실수가 있어도 중단하고 처음부터 다시 하지 말고, 실전이라고 생각하고 끝까지 마무리한다. 그래야 실수에 적절하게 대처하고 답변을 마무리할 수 있다는 자신감을 가질 수 있다.

– 외워서 하는 답변으로는 면접관을 설득하기 어렵다
대본을 작성하고 그대로 암기하다가 단어 하나에서 막히면 긴장감에 당혹감이 더해져 흐름이 끊기게 된다. 대본 암기의 문제점은 긴장해서 머릿속이 하얘질 때에만 있는 것이 아니다. 말에는 생기가 있고 그것이 말의 힘이다. 외우면 내용을 떠올리는 데 집중하느라 생동감이 사라지고 설득력 있게 내용을 전달하지 못한다는 더 큰 문제점이 있다.

면접은 유창한 말하기 시험장이 아니라 면접관을 설득하는 자리이다. 내 콘셉트를 중심으로 흐름을 익힌 후 자기소개를 연습하면 반복할 때마다 표현이 달라지는데 그것이 말의 생동감이다. 의미를 생각하며 말하면 강세를 둘 수 있어 자신감도 느껴진다.

4. 모의 면접 준비하기

1) 면접 진행

학과 특성을 반영하여 특정 분야의 면접 상황을 정한다. 지원 분야를 고려하여 면접관 팀과 지원자 팀으로 나누고 각 팀은 3명 내외로 구성한다. 면접관은 지원자의 자소서를 사전에 읽고 필수질문을 준비하고, 면접관 팀과 지원자 팀이 짝을 이루어 모의 면접을 진행한다. 실천처럼 면접관과 지원자의 자리를 배치하고, 그 외 학생들은 면접관들을 정면에서 볼 수 있는 위치에 앉는다.

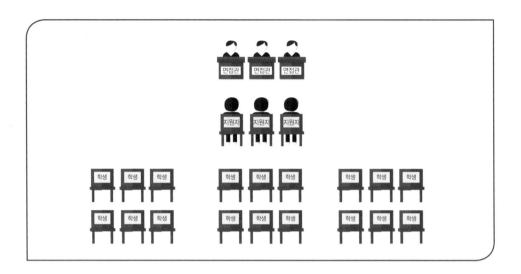

 면접이 시작되면 지원자는 바른 자세로 면접장에 들어오고 예의를 갖춰 인사를 하고 면접관이 자리에 앉으라고 한 후 "감사합니다"라고 인사를 하고 자리에 앉는다. 면접관은 준비한 필수 질문을 포함하여 총 3~5개의 질문을 하고 지원자는 성의껏 답변한다. 면접관은 합격 여부가 판단되면 "면접이 모두 끝났습니다"라고 말하고 지원자는 "감사합니다"라고 정중하고 예의바르게 인사를 하고 퇴장을 한다.

 면접이 모두 끝나면 면접관은 평가표를 작성하고 합격 여부를 알려주며 지원자의 답변 중에 잘한 점과 개선해야 할 점에 대해 피드백 해준다. 모의면접에 참여하지 않은 다른 학생들은 면접관의 질문이 적절했는지, 합격 여부에 대한 판정이 합리적이었는지 등 면접관을 평가하여 모든 학생들이 모의 면접에 참여한다.

2) 질문과 답변 준비

(1) 질문 준비

면접 상황에 맞게 1분 자기소개 등을 포함하여 역량 면접과 인성 면접에 해당하는 기본적인 질문들을 준비한다. 모든 질문은 지원자가 조직원들과 원만한 관계 속에서 지원 업무를 잘 수행할 수 있을지를 검증하는 질문이어야 한다. 역량 관련 질문을 할 때에는 해당 업무 역량을 제대로 갖추었는지를 판단할 수 있어야 하니 면접관도 지원 분야에 대해 기본적으로 알아야 할 지식을 갖추고 질문내용에 대해 깊이 있게 이해해야 한다. 인성 질문은 자소서에 나와 있는 경험들을 토대로 준비한다.

면접 중에 지원자의 답변을 듣고 추가 질문을 하는 경우에는 파고들기 질문 방식으로 한다. 노련한 면접관은 한 가지 질문에 던진 후 후속 질문을 계속 던지면서 지원자의 답변의 진위와 진면목을 파악한다. 지원자는 외운 모범 답안으로 그럴듯해 보이는 답변으로 단단히 무장하고 있으니 면접관은 이를 예리하게 파헤치며 뚫고 들어가야 한다. 그렇다고 압박면접처럼 지원자를 곤란한 상황으로 몰고 가며 당황하게 해서는 안 된다. 질문에 허점이 보이거나 합격에 대한 확신이 서지 않으면 차근차근 후속 질문을 해가며 해당 역량을 갖추었는지를 꼼꼼하게 확인하여 합격 여부를 결정한다.

필수 질문 목록

1._____

_____

2._____

_____

3. _____

_____

(2) 답변 준비

자소서를 통해 예상 질문을 만들고 답변을 연습한다. 면접관이 알고 싶은 것은 지원자가 업무 역량을 갖추었고 조직에 잘 적응할 수 있는가라는 점을 명심한다. 자소서에 제시한 자신의 역량과 핵심 콘셉트를 면접 답변에 자연스럽게 연결시켜 담아내야 한다. 모든 질문에 대해 역량 외에 자신을 합격시켜야 하는 이유, 자신이 회사에 기여할 수 있는 점들을 말한다는 생각으로 답변한다. 예상 질문이 무엇이든 이러한 점들이 반영되도록 예상 답안을 준비해보자. 답변에 허점이 있거나 구체성이 떨어지면 면접관이 예리하게 추가질문을 할 수 있으니 일관성 있게 구체적으로 답변한다.

예상 질문1

_____

_____

예상 답변1

_____

_____

예상 질문2

_____

_____

_____

예상 답변2

_____

_____

_____

예상 질문3

_____

_____

_____

예상 답변3

_____

_____

_____

─ 면/접/실/습 ─

예상 질문과 답변 작성하기

1. 지원자 평가

모의면접을 진행하기 전에 면접관은 지원자의 자소서를 읽고 필수질문을 준비하여 아래 표에 적는다. 면접 중에 필수질문에 대한 답변을 듣고 연계질문을 해나간다. 질문에 대한 답변은 각 5점 만점으로 평가하고 총 점을 계산하고 지원자에게 합격 여부 결정하고, 합격, 불합격의 이유에 대해 설명한다.

지원 분야			
	지원자1	지원자2	지원자3
지원자 이름			
1분 자기소개			
필수질문1			
연계질문1–1			
연계질문1–2			
연계질문1–3			
필수질문2			
연계질문2–1			
연계질문2–2			
연계질문2–3			
필수질문3			
연계질문3–1			
연계질문3–2			
연계질문3–3			
1. 질문에 맞는 자신의 역량이나 합격해야 하는 이유가 잘 드러났는가?			
2. 간단명료하게 답변하였는가?			
3. 일관된 답변을 하였는가?			
4. 말끝을 흐리지 않고 자신감 있게 답하였는가?			
5. 바른 자세를 유지하였는가?			
총점			
합격 여부			

2. 면접관 평가

모의 면접에 참여하지 않은 다른 학생들은 면접관을 평가한다. 다음 5문항에 대해 상, 중, 하 3단계로 평가하여 해당하는 부분에 V표시 합니다.

문항1. 변별력 있는 질문을 하였는가?
문항2. 연계 질문(돌발 질문)은 적절했는가?
문항3. 인재 선발에 대한 의지가 보였는가?
문항4. 태도가 무례하지는 않았는가?
문항5. 합격자 선정 이유가 합당했는가?

	문항1			문항2			문항3			문항4			문항5		
	상	중	하	상	중	하	상	중	하	상	중	하	상	중	하
면접관1															
면접관2															
면접관3															
면접관4															
면접관5															
면접관6															
면접관7															
면접관8															
면접관9															
면접관10															
면접관11															
면접관12															
면접관13															
면접관14															
면접관15															

나는 명품이다

3부

취업 이후의 자기브랜딩 방법

제1장

자기 표현을 위한 기본기 익히기

지금부터는 취업 이후의 세계에 대해 살펴보기로 한다. 사실 취업은 사회생활의 입문에 불과하다. 취업 이후 어떻게 하느냐에 따라 삶의 질이 달라진다. 사회생활은 수많은 업무가 얽혀 복잡하게 돌아가는 비즈니스(Business)의 세계이다. 결국 남들보다 뛰어난 업무 능력을 가지고 있으면 성공에 다가갈 확률이 높아진다. 종업원 수 100명에 매출 규모가 100억 원 정도 되는 회사가 있는데, 당신이 이 회사의 CEO라 상상해 보자. 어떤 방법으로 100명의 직원들이 각자 맡은 일을 효율적으로 수행할 수 있도록 할수 있을까. 재무, 회계, 마케팅, 생산 등 경영의 여러 가지 요소들이 필요하겠지만 이러한 요소들을 작동하게 만드는 근본 요소가 있다. 그것은 바로 의사소통이다.

리더와 구성원 사이에, 그리고 조직 내부와 외부의 원활한 커뮤니케이션을 통해 협력 관계가 잘 형성되어야 비로소 비즈니스는 힘을 얻고 성장할 수 있다. 경영자가 아무리 뛰어난 경영 전략을 세워도 조직의 구성원들에게 이러한 전략이 명확하게 전달되지 않으면 아무런 소용이 없다. 또한 고객에게 꼭 필요한 제품을 기획했더라도 언제까지, 얼마만큼 생산할 것인지 명확한 지침이 구성원들에게 전달되지 않으면 제품을 제대로 생산할 수 없게 된다. 이처럼 구성원들에게 직접적인 지시를 내리거나, 올바른 의사결정을 하기 위해 회의를 하거나, 이메일이나 사내 인트라(Intra) 시스템 등을 활용하여 조직의 운영에 필요한 정보를 전달하는 행위를 통틀어 '비즈니스 커뮤니케이션(Business Communication)'이라 한다. 이 비즈니스에 있어서 소통과 결정의 수단은 말이 아니라 글이다. 다시 말해 글쓰기는 비즈니스 커뮤니케이션의 핵심이다.

1. 자기표현의 가장 중요한 수단, 글쓰기

우리는 앞 장에서 취업을 위한 자기브랜딩을 통해 자소서를 작성하고 실전 면접을 준비했다. 이런 노력을 통해 내가 원하는 회사에 합격했다고 가정해보자. 합격의 기쁨도 잠시다. 취업을 하고 나면 SNS 글쓰기는 기본이고, 기안 및 보고서 작성, 기획서 준비, 기안 및 보고서 작성, 각종 행사 안내문 작성 등으로 눈코 뜰 새 없이 바쁠 것이다.

전통적으로 글쓰기는 문학의 범주에 속하는 것으로 간주되었다. 그러나 디지털 정보화 사회가 되면서 문학작품이나 신문의 사설과 칼럼 같은 글뿐 아니라 대학 입시, 취업전선, 기업의 현장 업무 등에서 자신의 생각을 표현하는 글들이 매우 중요해졌다. 글쓰기 능력은 사회로 진출하기 위한 수단일 뿐 아니라 사회생활을 효율적으로 운용하는데 필수적으로 갖추어야 할 능력이 된 것이다. 인터넷이라는 사이버공간에서 이루어지는 의사소통 수단이 글임은 두말할 나위가 없다. 회사의 업무 보고나 주요 공지사항 또한 글로 표현된다. 업무의 효율성을 기하기 위해 문서 형태로 전달하는 글이 문학적일 필요는 없다. 중요한 것은 단순하면서도 정확한 의사전달이다. 글은 자신의 생각과 감정을 드러낼 뿐 아니라 자신의 이미지와 능력을 돋보이게 하기도 한다. 이러한 종류의 글쓰기는 직업적인 글쓰기처럼 고도의 문장 훈련이 필요한 것이 아니어서 조금만 관심을 기울인다면 누구나 글로써 자신의 능력을 드러낼 수 있다.

1) 21세기에 글쓰기가 왜 중요한가?

글을 쓰는 이유는 다양하다. 자신을 표현하기 위해서인 경우도 있고, 쓰는 것 자체가 즐거운 사람도 있다. 회사에서 글쓰기는 기쁜 일이라기보다는 고통으로 다가올 때가 많다. 그럴수록 의도적으로라도 글 쓰는 목적을 분명히 하는 것이 좋다. 그래야 동기부여가 생기기 때문이다. 명확한 목적이 있어야 일을 지속할 수 있고 현실적인 고통을 뛰어넘을 수 있다.

글쓰기는 의사소통의 핵심수단이다. 특히 회사 안에서는 글쓰기가 곧 일하기다. 과거에 글 잘 쓰는 직원은 홍보실에서 사보를 만들거나 기획실에서 대표 연설문을 썼다. 대부분의 직원들은 글과 무관하게 살아도 큰 불편이 없었다. 그런데 지금은 싫건 좋건 간에 모두가 이메일, 메신저, 기획안 작성 등을 일상적으로 하고 있다. 보고서, 기안문, 품의서, 제안서, PT자료 작성 등 대부분의 업무가 글로써 이뤄진다. 당연히 글을 잘 쓰면 업무 효율이 올라가고 회사 입장에서 생산성이 높아진다. 글 잘 쓰는 직원이 회사의 인재다.

글쓰기는 사람과의 관계도 넓혀 준다. 편지를 쓰고 SNS를 하는 것 모두가 관계를 확장하는 일이다. 회사에서 윗사람과 소통할 때도 글쓰기는 매우 중요한 역할을 해 준다. 만일 마음에 들지 않는 상사와 갈등이 생겼다면 최대한 그 사람 입장에 서보는 것이 해결책이다. 나를 좋아하는 사람을 싫어하는 사람은 없지 않은가. 거짓말을 하라는 게 아니다. 생각과 성격이 다른 사람이라도 상대가 내 입장을 생각해주면 상대에게 적대감이 생기지 않는다는 말이다. 상대의 장점을 자꾸 봐주려고 하면 감정이입을 할 수 있다. 이런 감정을 가지고 이메일을 쓰거나 메신저를 통해 소통한다면 충분히 상대방을 설득할 수 있다.

글을 쓰는 행위는 실제로 감정을 객관화시킨다. 무형으로 존재하는 감정과 생각들을 '언어'라는 매개를 통해 마음 밖으로 내뱉는 행위에는 언어의 논리가 뒷받침된다. 추상적이고 시시각각 변하는 감정을 '언어'라는 도구로 표현하기 위해서 우리는 조금 더 구체적이고 정교하게 상대의 감정과 생각을 들여다보아야 한다. 특히 쉽게 휘발되어 버리는 말보다는 글로 자신의 마음을 기록할 때 이 사고의 과정은 더 정교해진다. 글을 쓰는 동안 우리는 감정을 나에게서 분리하고 후에 활자로 남은 우리의 감정을 바라보면서 조금 더 객관적으로 자신을 바라볼 수 있게 된다.

회사에서 누구나 팀의 리더가 될 수 있다. 한 팀의 리더가 된다는 것은 그만큼 영향력을 발휘하는 위치에 서게 된다는 것이다. 리더십에서 말과 글은 떼어놓고는 생각할 수 없다. 자기 생각을 글로 표현하지 못하는 사람은 리더로서의 자격이 없다. 유능한 리더는 글로써 말을 준비한다. 기업에서 구성원들을 설득하고 변화시키는 요체는 말과 글이기 때문이다.

2) 코로나19 이후의 삶의 변화와 글쓰기

코로나19 펜더믹은 1919년 스페인독감 이후 100년만에 찾아온 문명사적 대사건이다. 나라 안팎이 코로나19로 멈추면서 각자 고립된 시간을 보내게 되었다. 그렇다고 4차 산업혁명 시대에 인공지능(AI), 자율자동차, 5세대(5G) 통신, 로보틱스 같은 새로운 기술마저 멈춘 것은 아니다. 180여 년 전에 전기와 철도가 새로운 지구를 만들었듯이 세계가 코로나19에서 벗어나 제자리를 찾게 되면 4차 산업혁명이 우리 사회 구석구석을 크게 바꿔놓을 것이다.

고대로부터 인간은 생존을 위해 모여 살았고 서로 협력하지 않으면 안 되었는데, 감염병의 확산으로 사람들의 일상이 바뀌었다. 온라인 쇼핑, 온라인 음식 배달, 원격 강의, 재택 근무, 화상회의 등으로 비대면 문화가 대세가 되어가고 있다. 코로나19 이후 젊은 세대의 전유물처럼 여겨지던 온라인·비대면 경제활동이 생각보다 훨씬 편리하고 효율적이라는 것을 알게 됐다. 기업 경영자들은 새로운 문화에 적응한 직원과 소비자를 어떻게 재조직해 생산성과 실적을 끌어올릴 수 있을까에 대해 고민할 수밖에 없다. 아파트와 주택을 짓는 업체들은 기존 주거 개념에 사무실을 가미하는 새로운 공간 설계를 고민할 것이다.

변화와 기회를 탐색하는 일은 지금부터 시작이다. 정보기술(IT) 기업을 중심으로 일부 시도되고 있던 재택근무를 비롯하여 가정의 사무실화와 이를 둘러싼 IT 인프라의 개선이 가속화 할 전망이다. 온라인 교육과 원격 의료 도입도 탄력을 받아 관련 산업이 성장할 것으로 예상된다. 또한 회사에서의 재택근무가 일상화될 것이다. 가정이 사무실화되는 세상이다. 기존처럼 회사라는 공간에 직원들이 모여서 작업을 하는 구조가 아니다. 언제 어느 곳에서나 업무가 가능하게 된 것이다. 머지않아 이런 회사들이 국가 및 산업 경쟁력을 좌우하는 시대가 될 시대가 올 것이다.

21세기에도 글쓰기의 필요성은 코로나19 이후 더욱 강조될 것이다. 최근 우리의 가장 큰 고민 중의 하나는 '자기브랜딩을 어떻게 할 것인가'이다. 다들 사이드 프로젝트나 퇴근 후 글쓰기 등 다양한 활동을 통해 본업이 아닌 또 다른 일을 꾸리고 있다. 서점에서는 사이드 프로젝트를 하는 법에 대한 안내서가 인기를 얻고 있고, 자기 브랜드를 만드는 데 성공한 사람들의 강연은 만원사례를 이룬다. 한 회사에서 자신의 일만 열심히 하면 되었던 이전 시대와는 전혀 다른 풍경이다. 그런데 이런 와중에 전보다 두 배로 바삐 하루를 살아가면서도 우리는 불안감을 떨치지 못한다. 자기 브랜드를 갖지 못하면 자기가 하는 일로부터 소외감을 느낄 수밖에 없기 때문이다.

우리는 100세 삶이 보편화되는 호모-헌드레드(Homo-hundred) 시대를 살고 있다. 호모-헌드레드는 2009년에 작성한 〈세계 인구 고령화보고서〉에서 공식화한 용어로,

이 보고서에 따르면 평균 수명이 80세를 넘는 국가가 2000년에는 6개국에 불과했으나 2020년에는 31개국으로 급증할 것이라고 한다. 100세 이상 장수가 보편화 되는 시대가 오고 있다는 뜻이다.

하루라도 빨리 내가 좋아하는 것을 발전시켜 가면서 자기 브랜드를 구축할 필요가 있다. 그래야 자기브랜드를 가진 다양한 개인들이 행복하게 공존하는 사회를 정립할 수 있을 것이다.

3) 어떤 글이 좋은 글인가

글쓰기가 그리 쉽지만은 않다. 흔히 글을 잘 쓰리라 생각되는 작가들 역시 끊임없는 노력 끝에 작품을 쓰고 있다. 글이 중요하지 않다고 생각하는 사람은 없다. 글은 기본적으로 소통의 수단이기 때문이다. 시간과 공간의 한계를 극복하고 여러 사람과 소통할 수 있게 하는 매개체가 글이다.

독서를 많이 하면 글도 잘 쓴다고 생각하는 경향도 있다. 사람들은 글쓰기를 결과물 위주로 생각한다. 글쓰기를 최종적으로 완성된 글을 만들기 위한 작업으로 보는 시각은 마치 다이어트에 대한 서적을 많이 읽으면 몸이 날씬해진다고 생각하는 것과 다름이 없다. 글을 쓰든 그림을 그리든, 그것은 작품을 만들어내기 위한 것이기 이전에 자기 사고의 표현을 연습하는 행위이다.

글은 글자의 나열이 아니다. 글자들이 의미가 되기 위해서는 다음의 여러 가지 능력이 필요하다. 우선 세상을 비판적이고 창의적으로 읽어야 한다. 이런 시각으로 포착한 문제의식을 글로 표현할 때 독자들에게 읽는 즐거움을 줄 수 있다. 글을 쓰는 행위는 일종의 문제해결 과정이다. 서두에 던진 문제의식에 대한 해답은 반드시 그 글 어디엔가 제시되어 있다. 이처럼 문제 설정 능력, 문제 해결 능력 등을 요구하는 글쓰기 능력은 일상적인 삶을 영위하는 데 있어서도 꼭 필요한 능력이다.

글쓰기 능력은 궁극적으로 삶을 풍요롭게 하는 데에 필수적인 능력이므로 글쓰기가 아무리 힘들어도 극복해야 한다. 특히 대학에서의 글쓰기는 엄정한 논리과정을 거쳐 표현되는 '학문적 의사소통'이기 때문에 숙달이 되지 않으면 글쓰는 행위 자체가 매우 고통스럽다. 이를 회피하지 않고 꾸준히 고민하고 연습한다면 어느 순간 글쓰기는 즐거움으로 바뀐다.

낸시 소머스 교수는 "하버드는 논리적으로 생각하는 인재를 양성하기 위해 글쓰기를 가르칩니다. 논리적으로 글을 쓰는 능력은 단순히 학습 효과를 뛰어넘어 능동적이고 논리적인 사고를 지닌 사회인으로서의 덕목을 실현합니다. 생각을 탄생시키는 논리적인 글쓰기 능력은 학문의 내용에 국한되지 않고 사회 전 분야에서 꼭 필요한 과제입니다."[1]라고 이야기하고 있다. 하버드가 4년 동안 치열하게 글쓰기를 가르치는 이유는 학생들에게 자기 생각으로 상대방을 설득할 줄 아는 논리적 사고력을 길러주기 위함인 것이다.

OECD는 대학에서 기본으로 배워야 할 핵심능력으로 비판적 사고력, 분석적 추론력, 문제해결 능력 그리고 글쓰기를 통한 의사소통 능력을 지정했다. 이 능력의 바탕이 되는 것이 논리적 사고력인 것이다. 그러면 왜 하버드는 논리적 사고능력을 기르기 위해 글쓰기를 사용할까? 하버드는 "쓰기와 생각은 불가분의 관계이고 좋은 생각에는 좋은 글쓰기가 필요하다"고 말한다. 하버드 대학교에서 글쓰기를 총괄하는 토마스 젠 교수도 "사고력은 글쓰기로만 기를 수 있다"고 단언하며, 글을 쓰면 생각을 명료하게 정리하고 표현하는 능력을 키울 수 있다고 강조한다.

서울대학교 교수학습개발센터(Center for Teaching and Learning)[2]에서는 '교과목 연계 글쓰기 지도 프로그램(WAC: Writing Across the Curriculum)'을 통해 다양한 일대일 맞춤형 글쓰기 지도를 제공하고 있다. 교과목 교수자와 교수학습개발센터 글쓰기교실이 연계하여 해당 교과의 수강생이 글쓰기 과제물을 작성하는 과정에 글쓰

---

1) 송숙희, 『150년 하버드 글쓰기 비법』, 유노북스, 2019.
2) 서울대학교 교수학습개발센터 홈페이지 (https://ctl.snu.ac.kr/)

기 전문 튜터의 지도(상담, 글쓰기 특강)를 받을 수 있도록 전공 교과목에 특화하여 지원하는 프로그램이다. 수업과 관련된 모든 글(서평, 조사보고서, 감상평, 소논문, 논술식 리포트, 발표문 등)이 대상이다. 글을 쓰는 과정에서 어려움을 겪을 때나, 글을 쓴 이후 자기 글의 문제점을 알고 싶을 때는 어느 때든지 신청할 수 있다.

보충자료 #1

내 글을 논리적으로 생각하고 전달하는 기술은 하버드 대학교에서 올해까지 146년이나 가르쳐 온 글쓰기 기술의 핵심이다. 하버드 대학교가 내건 글쓰기 수업의 목표는 '논리적 사고력 향상'입니다. 왜냐하면 논리력은 모든 사고의 토대이며 개인적, 사회적 성공의 기본이기 때문이다. 하버드 학생들은 학교에 다니는 내내, 4년 이상 글쓰기를 배우고 전공에 상관없이 글쓰기를 중심으로 수업을 받습니다. 그리고 여기에서 논리정연하게 메시지를 개발하는 방법, 자신의 메시지를 설득력 있게 전달하기 위한 에세이 쓰기를 배웁니다. '글쓰기 도구' 오래오맵(O.R.E.O)은 논리 요소에 맞추어 생각과 자료를 배치해 설득력 있는 메시지를 개발하는 프레임워크이자, 쓸거리를 기획하는 데 필요한 과정을 압축해 놓은 발상 기법입니다. 이 도구를 활용하면 핵심을 빠르게 전달하고 자기가 원하는 방향으로 영향을 미치는 글을 쓸 수 있습니다.

– '150년 하버드 글쓰기 비법', 송숙희 작가

*오래오맵 (O.R.E.O)
Opinion : 의견 (핵심 의견을 주장한다.)
Reason : 이유 (이유와 근거로 주장을 증명한다.)
Example : 사례 (구체적 사례와 예시로 거듭 증명한다.)
Opinion / Offer : 정리 및 제안 (핵심 의견을 강조하고 원하는 바를 제안한다.)

2. 글쓰기의 기본 원칙

1) 글쓰기 계획하기

글쓰기는 문학적 소양을 갖춘 사람만의 전유물이 아니다. 글재주를 타고나지 않았어도 자신의 생각과 감정은 정확히 표현할 수 있어야 한다. 자기 생각과 감정을 글로 표현하기 위해서 몇 가지 절차를 거친다면 훨씬 효율적이고 전달력 있는 표현을 얻을 수 있다.

우선 글을 쓰기 전에 제일 먼저 생각해볼 점은 글을 쓰려는 이유와 글에서 기대하는 바를 분명히 인식해야 한다는 점이다. 글의 목적과 성격을 올바로 이해해야 글의 방향을 정할 수 있기 때문이다. 똑같은 화제를 다루더라도 정보 전달에 중점을 두어야 할지 문제점을 밝히고 대안을 제시해야 할지 미리 생각해 두면 글의 취지에 부합하는 글을 구체적으로 계획할 수가 있다.

(1) 1차 자료 수집하기

글을 구상하는 첫 단계는 글의 화제를 정하는 것이다. 화제란 글의 주된 소재나 제재를 말한다. 화제는 포괄적이고 추상적인 성격의 글감이므로 자료를 수집하기에 앞서 화제의 범위를 제한하고 구체적인 논제를 정할 필요가 있다. 상식적이고 상투적인 글쓰기를 피하려면 화제를 찾는 단계에서부터 참신한 아이디어를 발굴하도록 노력해야 한다. 평소에 사물이나 현상에 관심을 가지고 주의 깊게 지켜보는 자세가 몸에 배어 있으면 화제를 찾는 데 큰 도움이 된다. 또한 관찰한 것을 기억하고 그 기억을 되살려 쓰기위해 메모하는 습관을 들이는 것도 중요하다. 신문, 잡지와 같은 정기간행물, 단행본서적, 논문에서 관련 정보를 찾아 읽거나 브레인스토밍, 마인드맵 등을 활용하면 화제를 찾는 데 도움이 된다.

> **브레인스토밍의 기본 4원칙**
>
> ① 다른 사람의 아이디어에 대한 비판을 금지한다. 관련된 주제에 대하여 떠오르는 것은 무엇이든지 말할 수 있어야 한다.
> ② 자기 검열을 하지 않는다. 어떤 의견이든 부끄러워 하거나 두려워하지 않도록 자유분방한 분위기 속에서 말할 수 있어야 한다.
> ③ 질보다 양을 구한다. 예상치 못한 접근이나 엉뚱한 발상에서 기발한 아이디어가 나올 수도 있기 때문에 참여자의 모든 발언을 존중한다.
> ④ 아이디어를 결합하거나 개선하여 새로운 아이디어를 창조한다.

브레인스토밍은 한 가지 문제를 놓고 여러 사람이 회의를 하여 다양한 아이디어를 구상하는 방법이다. 기업이나 단체에서 회의할 때 구성원들이 생각나는 대로 아이디어를 쏟아내 창의적 발상을 끌어낸다. 문제를 해결하기 위해서는 혼자 고민하기보다는 여러 사람의 의견을 한데 모으는 것이 더 효과적이다. 브레인스토밍에 참여할 때에는 서로가 협력적 관계에 있다는 점을 인식해야 한다. 특히, 논리를 따지지 않는 유연한 사고가 풍부하고 신선한 발상을 가져올 수 있으므로 참여자 스스로 자기 검열을 하지 않도록 유의한다. 보다 참신한 아이디어를 창출하기 위해서는 두 개 이상의 아이디어를 결합하거나 다른 아이디어의 일부를 발전시켜 새로운 아이디어를 생성하는 것이 좋다.

브레인스토밍 기법은 혼자서도 활용할 수 있다. 브레인스토밍의 핵심은 질보다 양이기 때문에 주제와 관련해 떠오르는 생각들을 무작위로 종이에 적는다. 주제에서 크게 벗어난 생각이거나 엉뚱한 발상이어도 괜찮다. 휘발될 뻔한 생각들을 종이 위에 펼쳐 놓으면 한결 수월하게 해결책을 모색할 수 있다.

마인드맵은 자신의 생각을 지도 그리듯이 이미지화하여 제시하는 방법이다. 즉, 마음속에 지도를 그리듯이 생각의 흐름을 따라가면서 떠오르는 생각들을 핵심 단어나 기호, 이미지 등으로 기술해 나가는 것이다. 주제를 함축하고 있는 핵심어를 백지의 중

앙에 적어놓고 그것을 기점으로 떠오르는 관련 아이디어를 사슬로 이어나간다. 여러 시각 도구를 통해 단어들의 위치를 잡고 생각에 체계를 부여함으로써 이들의 관계를 입체적으로 재구성하는 것이다. 이 방법은 사유의 전체 범주와 구도를 한눈에 확인할 수 있게 하고, 복잡한 아이디어를 빠르고 쉽게 파악할 수 있게 한다. 또한 아이디어 간의 관계를 편리하게 확인할 수 있어 새로운 관점에서 대상을 생각해보게 한다.

마인드맵을 작성한 뒤에는 검토하기, 재구성하기 등의 후속 작업이 이어져야 한다. 즉, 생각의 지형과 흐름을 살펴보면서 어떠한 단어에 관심이 집중되었는지, 어떠한 화제로 글을 써야 풍성한 내용을 구성할 수 있을지 판단하는 시간을 가져야 한다. 이때 화제는 특정 항목에서 뽑아낼 수도 있고, 서로 다른 항목에 있는 단어들을 연관시키고 접목시키는 과정에서 새롭게 구성할 수도 있다.

자신이 작성한 마인드맵을 검토해 보면 무엇 때문에 글을 쓰게 되었는지 확실히 정하게 되고 이를 바탕으로 글의 주제를 구체화할 수 있게 된다. 그리고 관련된 경험과 사건 속에서 찾은 소재들도 글의 맥락에 따라 유용하게 쓸 수 있다. 결국 마인드맵에 노출된 아이디어들은 자신이 쓰고자 하는 글의 소주제들이나 예시로 활용될 글감이므로 소홀히 다루어서는 안 된다.

주제는 화제에 대해 글쓴이의 관점이 반영된 중심 생각이다. 화제를 구체화하고 심화시킴으로써 글의 범주와 대상을 정하고 글 쓰는 목적을 분명히 하여야 글의 주제를 정확히 드러낼 수 있다. 글쓴이가 글에서 뚜렷하게 드러내고 싶은 내용이 없으면 무의미한 글이 된다. 글쓰기의 준비 단계에서 글의 목적과 동기를 정하는 이유는 글을 통해 주장하거나 밝히려는 바를 명확히 하기 위해서이다.

주제는 명료한 문장으로 정리하는 것이 좋은데, 글의 주제를 문장으로 표현하는 것을 주제문이라고 한다. 주제문은 글쓴이의 주장과 태도가 분명하게 드러날 수 있도록 평서문으로 작성한다. 예를 들어, '국가 이미지'가 화제라면 주제는 '국가 이미지 제고'처럼 명사어구로 표현해서는 안 된다. 이를 '국가 이미지 제고를 위해서는 평화 지향적 외교 정책을 시행해야 한다'와 같이 평서문으로 작성해야 글쓴이의 의도와 가치 판단을 드러낸 주제문이 된다. 확정된 주제문은 글을 쓰는 동안 자료를 선택하고 결합하는 과정에서 중요한 지침으로 작용하기 때문에 통일성 있는 글이 될 수 있게 한다. 주제문을 정할 때 주의해야 할 점은 중요한 아이디어를 한 가지만 강조해야 한다는 점이다. 주제가 둘 이상 언급되면 논의의 초점이 흐려진다.

(2) 2차 자료 수집하기

주제가 정해진 뒤에는 다시 관련 자료를 수집해야 한다. 경험도 좋은 자료가 될 수 있어서, 경험을 예로 들어가며 논지를 전개하면 쉽게 공감을 얻을 수 있다. 자신이 기억하고 있는 경험이나 정보는 제한적일 수밖에 없기 때문에 글의 내용을 더욱 풍부하고 깊이 있게 구성하려면 해당 분야의 전문가나 권위자의 글을 참조할 필요가 있다. 자료는 집필하는 과정에서 수시로 보강하기도 하나 처음부터 자료를 충분히 검토하지 않으면 균형 잡힌 논리를 펼치기 어려워진다.

주제에 대한 자신의 입장이 확고하다 하더라도 신선하고 적절한 논리가 뒷받침되어야 설득력을 얻을 수 있다. 글을 쓰는 동안에도 신문 자료, 인터넷 검색 자료, 잡지, 단행본 등을 수시로 검토하며 새로운 생각들을 채집하고, 미처 생각지 못한 아이디어를 뒤늦게 발견한 경우에는 논의 방향을 수정할 수도 있다. 자료 조사가 충실하고 충분하면 상대를 논리적으로 설득하기에 유리할 뿐 아니라 자신의 성실성을 간접적으로 증명해 보일 수 있다.

같은 내용의 자료라 할지라도 자료의 수준이 글의 수준을 좌우할 수도 있다는 점을 염두에 두어야 한다. 블로그에 떠도는 글보다는 출처가 명확한 문헌 자료가 더 믿을 만하고 참고한 저작물이 해당 분야 권위자의 것이라면 글의 품격이 올라간다. 사실관계를 다루는 정보가 불확실하면 글의 신뢰를 크게 떨어뜨릴 수 있으므로 정보가 정확한지도 확인해보아야 한다.

자료는 글의 목적에 따라 다양한 방식으로 활용될 수 있으므로 자기 글의 성격을 정확히 파악하고 적당한 자료를 선택해야 한다. 저서나 논문을 읽다가 참고할 만한 자료라고 판단되면 해당 부분을 스마트폰으로 사진을 찍어둘 경우 판권 부분도 함께 촬영해 두어야 한다. 메모를 하거나 컴퓨터에 입력할 경우에도 가급적 원문을 정확하게 기록하고 서지사항과 발췌한 내용이 포함된 쪽수는 빠짐없이 기록하도록 한다.

자료 가운데 통계를 나타내는 표나 그래프는 가장 최근에 발표된 자료를 참조해야 하며, 신뢰도가 떨어지는 인터넷 자료를 무분별하게 사용하지 않도록 주의한다. 또한 자료의 분석 주체, 대상, 기간, 방법 등을 제시하여 신뢰할 만한 자료임을 보여주고 무엇보다도 자료의 내용을 왜곡하지 않아야 한다. 그것이 신뢰할 만한 자료인지 반드시 확인하고 자료의 내용을 왜곡하지 않도록 주의하고 출처를 명확히 밝힌다.

2) 초고 작성하기

글의 전체적인 구성을 생각해보는 것은 자신의 생각이 좀더 논리적이고 통일성 있게 전달되도록 하기 위한 것이다. 수집한 자료를 체계적으로 분류하고 배열해 보면 글의 짜임새와 분량을 대강이나마 가늠해볼 수 있게 된다. 이를 통해 누락되거나 편중된 내용이 없는지를 한눈에 검토할 수 있다.

(1) 개요 짜기

글의 짜임새를 간단히 기록하는 것을 개요라고 한다. 글의 개요는 전체적인 체계를 한눈에 볼 수 있게 해준다. 개요를 잘 짜두면 글을 쓰는 동안 생각의 상위 단계와 하위 단계, 부분과 부분, 부분과 전체가 유기적으로 연결되어 있는지 살필 수 있고, 필요한 내용이 누락되거나 비슷한 내용이 중복되는 것을 방지할 수도 있다.

개요의 형식으로는 화제 개요와 문장 개요 개요가 있다. 화제 개요는 단어와 구절 같은 핵심어로 전체 내용을 정리하는 것이고 문장 개요는 구성의 각 단계에 들어갈 내용을 문장으로 정리하는 것이다. 화제 개요는 주제가 단순하고 간결한 글에, 문장 개요는 다소 복잡하고 난해하게 느껴질 수 있는 글에 활용하기에 적합하다.

글을 구성하는 방식은 여러 가지가 있으나 설득적인 글에서 가장 일반적인 구성은 도입, 본론, 결론의 3단 구성이다. 도입 부분은 글을 쓰는 동기와 목적, 글에서 다루고자 하는 문제의 범위와 성격, 문제에 접근하는 방법을 제시한다. 본론 부분은 주장을 서술하고 객관적인 근거를 제시하되 논지를 발전시키는 과정에서 사고가 긴밀하게 연관될 수 있도록 논리적으로 구성한다. 결론 부분은 본론에서 논의된 내용을 간략하게 요약하고 종합하면서 문제점에 대한 대안이나 문제해결 방안, 전망을 제시한다. 4단이나 5단 구성은 본론의 구성을 변형시키거나 확장시키는 방식으로 이루어진다. 변증법적 구성이라고도 하는 4단 구성은 쟁점이 뚜렷한 논제를 기술하기에 적합한데, 본론의 앞부분에 반대쪽 논지를 기술하고 뒷부분에서 자신의 논지를 기술한다. 설득을 필요로 하지 않는 문학작품도 시작과 마무리, 기와 결 사이에 시간이나 공간의 변화에 따라 구체적인 내용이 전개되므로 크게 3단이라는 기본 체계를 갖추고 있다.

① 문제해결식 구성 : 어떤 현상에 대해 원인을 탐구하고 이 문제를 해결할 수 있는 해결책을 제시하는 구성 방식이다.

서론 : 문제가 되는 현상을 제시한다. 다룰 가치가 있는 문제인지, 자료가 충분한지를 고려하여 문제를 제기한다. 자신의 주장이 명백히 드러낼 수 있도록 문제의 범위를 한정하고 그 문제의 중요성을 부각시킬 필요가 있다.
본론 : 현상에 대한 원인을 분석한다. 몇 개의 항목으로 나누어 세부적으로 기술하되 적당한 논거에 자신의 창의적인 견해를 덧붙인다.
결론 : 원인에 따른 해결책을 마련한다. 글에서 제기한 문제점을 해소할 수 있는 현실적인 대책이어야 하며 상식적이거나 일반적인 해결책은 피한다.

② 반론형 글쓰기 : 어떤 쟁점에 대해 기존의 견해를 비판하면서 새로운 견해를 제시하거나, 자신과 상반된 입장을 비판하면서 자신의 주장을 덧붙이는 방법이다.

서론 : 자신의 주장을 제시한다. 예상되는 반론 정리하고 이에 대해 재반박하는 내용의 주장이어야 한다.
본론 : 상대방의 주장이나 의견을 요약한다. 상대방의 주장에서 오류나 모순을 발견하여 비판하고 자신의 반론을 제시한다.
결론 : 논제를 둘러싼 주장의 장점과 단점을 서술하고 이를 변증법적으로 발전시킨 결론을 제시한다.

(2) 서두와 결론 구성하기

서두는 글의 첫인상으로, 전체 글의 인상을 좌우하기 때문에 매우 중요하다. 서두에서는 본문의 내용을 간단히 소개하고 글을 쓰는 동기나 목적을 분명히 밝혀야 한다. 무엇도다도 서두에는 독자의 흥미를 끌 만한 요소가 있어야 한다. 인상적인 경험, 시사적인 사건, 권위자의 말, 예화, 우화, 속담, 격언, 비유적 표현 등으로 글을 시작하면 독자의 흥미를 끌 수 있을 뿐 아니라 필자의 개성도 드러낼 수 있다. 주의할 점은 도입을 위해 사용한 소재는 글의 주제와 밀접히 관련되어야 한다는 점이다. 단순히 흥미 유발만을 위해서가 아니라 논점을 분명히 제시하거나 암시하기 위해 끌어들인 소재임을 잊지 말아야 한다. 중요한 것은 본론이므로 서두가 길어지지 않도록 한다.

본론에서는 주제를 뒷받침하는 중심내용을 다룬다. 주제와 다른 내용이 들어가서는 안 되며 관점도 일관성을 지녀야 한다.

결론은 본론의 내용을 간단히 요약하고 글의 핵심을 강조한다. 본론에서 논의했던 내용과 앞으로의 과제를 제시하면서 본론의 핵심을 정리해나가면 인상적인 끝마무리를 할 수 있다. 이때 본론의 문장이 반복적으로 기술되지 않도록 주의하며 전체 논지를 효과적으로 요약한다. 글의 서두에서 언급한 소재를 다시 활용하여 결론을 맺는 것도 인상적인 마무리가 될 수 있다. 결론에는 서론에서 제기한 문제에 대한 해결책이 포함되어 있어야 하며, 문제의 적용 방안을 전망한다. 주제와 관련된 명언이나 비유적 표현을 제시하여 여운을 남기면 독자에게 깊은 인상을 남길 수 있다.

(3) 단락 쓰기

한 편의 글은 여러 개의 독립되어 있는 작은 이야기로 구성되어 있는데, 이 작은 이야기 덩어리를 단락이라고 한다. 하나의 단락은 하나의 생각을 중심으로 결합된 여러 개의 문장으로 구성되고, 새로운 단락이 시작되었음은 대개 행 바꾸기와 첫 칸을 들여쓰는 것으로 표시한다. 단락은 글의 내용이나 전개에 변화가 생겼음을 시각적으로 보여주는 형식적 구성단위이다.

하나의 단락은 하나의 소주제 문장과 여러 개의 뒷받침 문장들로 이루어진다. 하나의 단락에 두 개 이상의 중심 생각이 언급되면 글의 초점이 모호해진다. 명확한 소주제 문장 하나를 중심으로 이루어진 단락은 통일성을 확보할 수 있으며, 뒷받침 문장들의 연관성이 긴밀하다면 더욱 탄탄한 논리를 갖추게 된다. 소주제 문장을 단락의 맨 앞에 배치하고 뒷받침 문장들로 부연해주면 중심 생각을 구체화하거나 강화하는 두괄식 구성 단락이 되며, 뒷받침 문장들을 열거하고 소주제 문장을 단락 끝에 제시하면 미괄식 구성이 된다. 두괄식이든 미괄식이든 소주제 문장은 독자로 하여금 쉽고 빠르게 핵심 내용을 파악하게 도와 준다.

단락을 구성할 때 주의할 점은 생각의 핵심이 되는 소주제 문장이 지나치게 포괄적이거나 관념적인 문장으로 구성되지 않도록 하는 것이다. 소주제 문장이 명료해야 뒷받침 문장들도 구체적으로 제시할 수 있다. 뒷받침 문장은 정의, 분석, 비교, 대조, 예시, 묘사, 서사, 비유 등의 방법을 활용할 수 있다. 단락의 뒷받침 문장들은 소주제와 관련된 문장이어야 한다.

〈 예문 1 〉

『총균쇠』는 인종차별주의라는 통설에 대한 도전이었다. 누구나 암묵적으로 인정하는 인종차별주의를 깨기 위해 다이아몬드는 진화생물학, 지리학, 생태학, 언어학, 문화인류학을 연구하고 엄청난 자료를 제시했다. 선사시대부터 인간의 역사를 조망하고 지금껏 역사학에서 다루지 않았던 유럽 이외의 다른 민족들까지 살펴보았다. 사하라 사막 이남 아프리카, 동남아시아, 인도네시아, 뉴기니 등지의 토착민들까지 연구하면서 "유럽 중심주의적 접근법, 서유럽인들에 대한 미화, 그리고 현대 세계에서의 서유럽 및 유럽화된 아메리카의 우수성에 대한 망상 등을" 파헤치고 깨부수려고 노력했다. 인종차별주의가 내포하고 있는 유치한 발상은 '우리는 본래 잘났어' '너희들이 못나서 못하는 거야' '너희 탓이야'와 같은 사고방식이다. 『총균쇠』는 세계의 불평등이 환경지리적 차이가 낳은 역사적 우연이라고 밝힘으로써 지금 잘사는 나라들이 그저 운이 좋았을 뿐이라는 사실을 확인시켰다.

(정인경, 『과학을 읽다』, 여문책, 2016, 77쪽)

〈 예문 2 〉

사색적 삶은 보는 법에 대한 특별한 교육을 전제한다. 니체는 『우상의 황혼』에서 교육자의 도움을 필요로 하는 세 가지 과업을 거론한다. 이에 따르면 인간은 보는 것을 배워야 하고, 생각하는 것을 배워야 하며, 말하고 쓰는 것을 배워야 한다. 이러한 배움의 목표는 니체에 따르면 "고상한 문화"이다. 보는 법을 배운다는 것은 "눈을 평온과 인내, '자기에게 다가오게 하는 것'에 익숙해지도록 한다는 것"을 의미한다. 즉 눈으로 하여금 깊고 사색적인 주의의 능력, 오래 천천히 바라볼 수 있는 능력을 갖출 수 있게 한다는 것이다. 보는 법을 배우는 것은 "정신성을 갖추기 위한 최초의 예비교육"이다. 인간은 "어떤 자극에 즉시 반응하지 않고 그 속도를 늦추고 중단하는 본능을 발휘하는 법을 배워야 한다." 정신의 부재 상태, 천박성은 "자극에 저항하지 못하는 것, 자극에 대해 아니라고 대꾸하지 못하는 것"에 그 원인이 있다. 즉각 반응하는 것, 모든 충동을 그대로 따르는 것은 이미 일종의 병이며 몰락이며 탈진이다. 여기서 니체가 표명하는 것은 바로 사색적 삶의 부활이다. 이는 일어나는 모든 일을 그저 긍정하는 수동적인 자기 개방이 아니다. 사색적 삶은 오히려 몰려오는, 또는 마구 밀고 들어오는 자극에 대한 저항을 수행하며, 시선을 외부의 자극에 내

맡기기보다 주체적으로 조종한다. 아니라고 말하는 주체적 행위를 통해 사색적 삶은 어떤 활동과잉보다도 더 활동적으로 된다. 실상 활동과잉은 다름 아닌 정신적 탈진의 증상일 뿐이다.

(한병철, 김태환 옮김, 『피로사회』, 문학과 지성사, 2012, 53쪽)

하나의 단락에는 하나의 소주제 문장이 있어야 하고 소주제 문장은 단락의 처음이나 끝에 위치하는 것이 일반적이다. 〈예문1〉의 소주제 문장은 마지막 문장인 "『총균쇠』는 세계의 불평등이 환경지리적 차이가 낳은 역사적 우연이라고 밝힘으로써 지금 잘사는 나라들이 그저 운이 좋았을 뿐이라는 사실을 확인시켰다."이다. 이를 뒷받침하기 위해 저자는 책 속의 사례를 나열하고 있다.

〈예문2〉의 소주제 문장은 첫 문장인 '사색적 삶은 보는 법에 대한 특별한 교육을 전제한다.'이다. 저자는 니체의 말을 예시로 들어 '사색적 삶'이 어떠한 것인지 분석하고 정의한다. 니체가 언급한 '즉각 반응하는 것, 모든 충동을 그대로 따르는 것'은 기계적으로 세계에 순응하는 태도를 의미하는 것으로, 시선을 외부의 자극에 맡기지 않고 주체적으로 조종하는 것, 즉 '외부의 자극에 저항하는 것'이 사색적 삶의 본질이라고 주장하고 있다. 예문에서 저자는 권위자의 말을 예시로 들어 논리를 강화하고 있다.

3) 글 완성하기

주제를 잡고 문장을 구성하고 문단을 나누어 한 편의 글이 완성되었다면 여기에 제목을 붙인다. 제목은 내용의 핵심을 압축하여 무엇에 대한 글인지를 드러낸다. 완성된 초고는 읽는 사람의 입장이 되어 소리 내어 읽어보아야 한다. 이는 객관적인 입장에서 글의 문제점을 찾기 위한 작업이다. 초고를 낭독하면서 글의 목적이 분명한지, 쉽고 간결한지를 살피고 주어와 서술어가 완전한 문장으로 구성되어 있는지를 살핀다.

(1) 인용하기

자기 글의 논거로 활용하기 위해 다른 사람의 글을 참고하거나 빌려오는 것을 인용이라고 한다. 인용할 때는 직접 인용 방법과 간접 인용을 사용한다. 직접 인용은 다른 사람의 글을 원문 그대로 자신의 글에 옮기는 것이다. 이때 맞춤법이나 기호도 원문 그대로 써야 한다. 원문을 요약하거나 풀이하는 과정에서 의미가 훼손될 우려가 있을 때, 그리고 언어적 차원에서 원문을 검토할 필요가 있을 때 직접 인용을 활용한다. 이와는 달리 인용할 원문의 분량이 많거나 자기 글의 맥락에 맞게 바꿔 써야 할 때는 간접 인용 방법을 사용한다. 간접 인용은 대체로 원문을 요약하거나 문장을 바꾸어 쓴다. 원문을 구하기 어려워 다른 글에서 인용된 자료를 다시 인용해야 할 경우는 재인용했다는 사실을 명시한다.

〈 예문 〉

롤랑 바르트는 "상투적이란, 마치 그것이 자연스러운 듯, 마치 어떤 기적으로 거듭 나타나는 단어가 여러 가지 이유로 각각의 경우마다 적당하다는 듯, 마치 모방하는 것은 더 이상 모방으로 감각될 수 없는 듯, 어떤 마력도 어떤 열광도 없이 반복된 단어"라고 말했다. 동어반복을 지적한 것이다. 같은 말을 반복하면서도 그 반복의 지겨움을 깨우치지 못하고 그 반복이 진리라고 믿는 게 상투성의 원리다. "기계적인 우리들의 삶 속에 파묻혀 있는 세계를 관찰하고 느끼고 그것을 언어로 드러낸 일"[2]을 오규원은 '미적 인식'이라는 말로 명쾌하게 정리한 바 있다. 아무리 아름다운 소재라고 하더라도 시인의 미적 인식에 의해 재발견되지 않으면 그것은 시라고 할 수가 없으며 죽은 인식의 되풀이에 불과하다. 죽은 인식은 죽은 언어를 불러온다. 시인의 가장 큰 임무 중의 하나는 죽은 언어를 구별하여 과감히 버리고 살아있는 언어와 사투를 벌이는 일이다.

(안도현, 『가슴으로도 쓰고 손끝으로도 써라』, 한겨레출판, 2009, 41쪽)

〈예문〉에는 직접 인용과 간접 인용이 사용되고 있다. 이 글의 소주제 문장은 글의 마지막 문장인 '시인의 가장 큰 임무 중의 하나는 죽은 언어를 구별하여 과감히 버리고 살아있는 언어와 사투를 벌이는 일이다'이며 이를 뒷받침하는 논거로 롤랑 바르트의 견해와 오규원의 견해를 인용하고 있다. 각주 [1] 부분은 롤랑 바르트의 말을, 각주 [2]는 오규원의 말을 원문 그대로 옮긴 직접 인용 방법을 사용하였다.

---

1) 롤랑 바르트, 『텍스트의 즐거움』, 김명복 옮김, 연세대학교 출판부, 1990, 46쪽.
2) 오규원, 『현대시작법』, 문학과지성사, 1990, 27쪽.

　직접 인용이든 간접 인용이든 다른 사람의 글을 인용했을 때는 주석을 달아 자신의 생각과 구분한다. 주석은 표기하는 위치에 따라 각주와 미주, 그리고 내주로 나뉜다.

각주는 각 쪽의 하단에, 미주는 글의 끝에, 내주는 글의 본문 안에 표기한다. 주석의 출처 표기 방법은 다음과 같다.

1. 단행본
   1) 동양서 : 글쓴이, 『책 제목』, 출판사, 출판연도, 인용한 쪽수
   2) 서양서 : 글쓴이, *책 제목*, 출판지 : 출판사, 출판 연도, 인용한 쪽수
   3) 번역서 : 글쓴이, 『책 제목』, 번역자, 출판사, 출판연도, 인용한 쪽수

2. 논문
   1) 동양 논문 : 글쓴이, 「논문 제목」, 『학술지명』 제 권 제 호, 발행기관, 출판연도, 인용한 쪽수
   2) 서양 논문 : 글쓴이, "논문제목", 학술지명, vol.O, 출판 연도, 인용한 쪽수

3. 신문 및 정기 간행물
   1) 신문 : 글쓴이, 「기사제목」, 『신문이름』, 발간 일자
   2) 정기 간행물 : 글쓴이, 「기사 제목」, 『잡지 이름』 제O권 O호, 발간일자, 게재 면수

4. 사전
   「항목이름」, 「사전 이름」, 출판사, 출판연도

5. 인터넷 자료
   기사 : 글쓴이, 「기사 제목」, 『인터넷 매체 이름』, 작성일자, 사이트 주소 (접속 일자)

6. 공연/상연물
   영화 : 제작자/연출자/책임자, 『제목』, 참여자, 제작 회사, 일시/장소

7. 동일 자료를 여러 번 인용할 때
   1) 연속적으로 인용할 때 : 위의 책, 해당 쪽수 (ibid, p.)
   2) 비연속적으로 인용할 때 : 저자명, 앞의 책, 해당 쪽수 (op.cit, p.)

(2) 고쳐 쓰기

한 편의 글은 수정하고 보완하는 고쳐 쓰기의 과정을 거쳐 완성된다. 고쳐 쓰기를 퇴고라고 하는데, 퇴고는 초고 집필이 끝난 후 어느 정도 시간적인 여유를 두고 하는 것이 좋고 여러 번 할수록 좋다. 주제를 효과적으로 드러낼 수 있도록 구성을 바꾸거나 불필요한 부분을 제거하고 누락된 부분을 보충해야 한다. 전체에서 부분으로 좁혀가는 방식으로 검토해야 시간과 노력을 절약할 수 있다는 점을 염두에 두고 다음과 같은 점에 유의한다.

우선 글 전체의 차원에서 단락이 유기적으로 연결되었는지 살펴야 한다. 이를 확인하려면 각 단락의 소주제 문장을 찾아 이어 읽으며 전체 주제와의 연관성을 생각해보아야 한다. 단락과 단락의 연결 부분에서 논리적 비약이 없는지, 논점을 흐리거나 주제와 무관한 내용은 없는지 검토해야 한다. 필요하다면 단락의 배열을 바꾸거나 단락을 추가하거나 삭제할 수 있다.

다음으로 단락의 내용을 살펴야 한다. 소주제 문장이 명료한지, 뒷받침 문장은 적절하고 충분한지 검토하여 필요하다면 자료를 보강하고 불필요한 문장을 삭제해야 한다. 소주제 문장의 위치를 단락 처음이나 끝에 배치해보고 뒷받침 문장들 간의 연결이 자연스러운지 확인해야 한다.

끝으로 문장을 꼼꼼히 살펴야 한다. 가독성을 높이기 위해 장황해진 문장은 간결하게 정리하고 지나치게 어렵거나 모호한 어휘는 더 적절한 어휘로 교체한다. 정확한 의미 전달을 위해 문장 성분이 제대로 갖추어져 있는지도 살펴야 한다.

글쓰기의 기본은 문장 쓰기이다.

〈 문장 구성할 때 유의할 사항 〉

① 수식어와 수식을 받는 말은 가까이 둔다.
② 주어와 서술어, 목적어와 서술어를 일치시킨다.

---

③ 주어나 목적어 등 문장 성분을 지나치게 생략하지 않는다.

④ 단문으로 쓴다.

⑤ 동일한 조사가 한 문장에 여러 번 반복되지 않도록 주의한다.
  (같은 의미의 다른 표현으로 바꾸어 써라)

⑥ 한 문장에 같은 어휘를 반복적으로 쓰지 않는다.

⑦ 문맥에 맞는 어휘를 선택한다.

⑧ 접속사를 남용하지 않는다. (접속사가 적어지면 문장이 간결해진다)

⑨ 시제를 일치시키고 현재 시제로 쓴다.

⑩ 쉬운 말로 쓰되 문어체로 쓴다.

〈 고쳐 쓰기 할 때 검토할 사항 〉

① 전체 주제는 다룰 가치가 있으며 명료하게 제시되었는가.

② 전체적으로 통일성과 타당성을 갖추고 있는가.

③ 하나의 단락에 하나의 중심 생각이 들어 있는가.

④ 단락 안에 논리의 비약이나 불필요한 내용은 없는가.

⑤ 소주제 문장 간의 연결은 자연스러운가.

⑥ 뒷받침 문장이 충분하며 그 내용이 참신하고 신선한가.

⑦ 문장은 정확하고 효과적으로 구성되었는가.

⑧ 바르고 적확한 어휘를 선택했는가.

⑨ 맞춤법, 띄어쓰기, 문장부호는 바르게 사용되었는가.

⑩ 인용에 대한 출처를 정확히 밝혔는가.

3. 다양한 분야의 글쓰기 방법

어떤 형식의 글을 쓰든 첫 문장이 참신하면 강한 인상을 남긴다. 첫 문장뿐 아니라 소주제문장이나 글을 끝맺는 문장, 또는 주제와 관련하여 특별히 강조하고자 하는 문장을 임팩트 있게 구성하는 데는 광고카피 쓰기가 큰 도움이 된다. 또한 보고서나 기획서를 작성하는 데 있어서도 카피라이터의 능력이 필요하다.

1) 광고카피 쓰기

카피라이터의 능력을 배양하기 위해 세일즈 마케팅 글쓰기를 연습해보자. 세일즈 마케팅은 미디어 환경에 따라 글의 성격을 달리한다. 오프라인 광고의 카피는 헤드라인, 서브 헤드, 바디 카피, 슬로건, 캡션 등에서 구체적인 형태를 드러낸다. 좋은 광고 카피는 소비자에게 강한 인상을 남기기 위해 단어를 낯설게 조합하거나 중의적인 단어를 사용하거나 위트 넘치는 말장난을 하기도 한다. 또는 경쟁 상품과 비교하여 장점을 부각시키는 방식으로 카피가 만들어지기도 한다. 반면 온라인 디스플레이 광고는 스스로 검색하고 공유하는 소비자의 눈에 포착되어 클릭하는 순간 바로 행동으로 이어질 수 있어야 하기 때문에 간결하고 직관적인 문장을 쓴다. 동시에 소비자의 궁금증을 해소해줄 답안을 광고문구 안에 최대한 담아내야 한다.

세일즈 마케팅 글쓰기를 하기 위해서는 우선 제품을 연구하고 시장조사를 해서 제품의 핵심적인 특징을 찾아내야 한다. 다른 한편으로는 설문과 시장 조사를 통해 목표 소비자를 정확히 정해야 한다. 다시 말해 공급자, 소비자, 시장에 대한 연구를 철저히 해야 하는 것이다.

그리고 나서 소비자의 흥미 유발 요소를 적극적으로 활용해야 한다. 무엇보다도 위트 있는 말은 즉각적인 행동을 유발하는 힘이 있다. 감동을 핵심으로 하는 감성 광고가 아니라면 즉각적인 반응을 기대할 수 있는 재미 요소로 소비자와 소통하도록 하는 것이 좋다. 광고 카피의 언어는 미사여구를 사용하기보다는 간결하고 심뢰감을 줄 수 있어야 한다.

  세일즈 마케팅의 경우 과거에는 카피에서 그 제품의 성능, 특징, 효율성 등을 부각시켰다. 그러나 이젠 사람들이 제품을 구입할 때 그 제품 속에 담긴 의미, 즉 제품의 영혼을 자신의 삶과 연결시키면서 선택하고 그것을 사용하게 된다는 점을 이해하게 되었다. [3] 소비자도 생산자도 스토리텔링에 관심을 기울이게 된 것이다. 프랑스 출신 사회인류학자인 르네 지라르는 그의 저서 『낭만적 거짓과 소설적 진실』에서 세르반테스의 『돈키호테』에 등장하는 인물들의 욕망체계를 분석하여 그들의 욕망이 간접화한 욕망임을 읽어낸 바 있다. 형이상학적인 욕망은 구체적인 형태를 가지고 있지 않기에 직접 취득할 수 없다. 그래서 욕망을 충족시킬 구체적인 중개자를 필요로 하게 되는 것이다. 사람들이 어떤 상품에 비용을 지불하는 행위는 말하자면 중개자에 의해 암시된 욕망을 소유하려는 행위에 다름 아니다. 바로 이러한 이유 때문에 마케팅에 스토리텔링을 적극 활용하여 소비자의 감성에 호소하고 공감대를 끌어내는 것이다. 마케팅 관점에서 볼 때, 스토리는 소비자의 간접화된 욕망을 충족시킬 유인책으로서 제품(중개자)에 가치(욕망의 대상)를 부여하는 기능을 한다. 다음의 사례는 광고에 있어서 제품과 고객을 연결시키는 스토리텔링의 기능을 보다 쉽게 설명해준다.

〈 예문 1 〉
많은 사람들이 스토리텔링을 이야기합니다. 스토리텔링이란 알리고자 하는 것의 개념을 그대로 전달하는 게 아니라 그것이 주인공이 되는 스토리, 즉 드라마를 만들어 들려주고 보여주는 것이라고 나는 이해합니다. 전어라는 생선 아시지요? 내가 대학 다닐 때만 해도 전어는 천대받는 생선이었습니다. 포장마차에서 곰장

---

3) EBS 다큐프라임 '이야기의 힘' 제작팀, 위의 책, 216쪽

어 한 접시 안주로 시키면 전어 서너 마리는 공짜로 구워줬습니다. 그때까지는 사람들이 전어를 이렇게 설명했습니다.

가시 많고 기름기 자르르한 생선
그런데 이 전어가 각광받기 시작합니다 '가을 전어'라는 말이 생겨 입에서 입으로 돌아다닙니다. 그 사이에 전어 맛이 크게 달라진 걸까요? 전어가 지난날을 반성하고 맛있어지기로 결심이라도 한 걸까요? 전어가 가을 대표 생선으로 우뚝 선 데는 그가 주인공으로 등장하는 스토리텔링이 크게 한몫 했을 거라 나는 추측합니다. 바로 이 한마디.

집 나간 며느리도 돌아온다는 생선
얼마나 맛있으면 전어 굽는 냄새를 맡고 집 나간 며느리가 돌아올까요? 괴나리봇짐 가슴에 안고 슬며시 집으로 들어오는 며느리 모습이 보이지 않습니까?
가시 많고 기름기 자르르한 생선은 생선 이야기입니다. 집 나간 며느리로 돌아온다는 생선은 사람 이야기입니다. 사람 이야기를 만들어 전어에 입혔더니 굴비 부럽지 않은 생선으로 다시 태어날 수 있었던 것입니다.

(정철, 『카피책』, 허밍버드, 2016, 222쪽)

〈예문1〉에서 '가시 많고 기름기 자르르한 생선'은 제품이 가지고 있는 성능과 특징을 부각시키고 있고, '집 나간 며느리도 돌아온다는 생선'은 제품이 품고 있는 의미와 가치를 암시한다. 소비자는 당연히 좀더 가치 있고 고차원적이고 의미가 풍성한 대상에 비용을 지불하고자 할 것이다. 〈예문2〉로 미루어 볼 때, '집 나간 며느리도 돌아온다는 생선'이 강한 인상을 남기는 또 다른 이유가 '집 나간 며느리'와 '생선'의 낯선 조합에 있음을 짐작할 수 있을 것이다.

〈 예문 2 〉
익숙한 것은 편안합니다. 편안해서는 눈을 끌 수 없습니다. 어딘가 불편해야 합니다. 불편해야 눈이 모입니다. 아름다운과 바퀴벌레를 조합하십시오. 아름다운과 핵무기를 조합하십시오. 아름다운과 고리대금업자를 조합하십시오. 불편합니다. '어? 이게 무슨 소리지?'하면서 반응이라는 것을 합니다. 편안하면 물 흐르듯 그냥 흘러가 버리지만 불편하면 그곳에 멈춥니다. 멈추는 그 순간이 바로 진부가 임팩트로 바뀌는 순간입니다. 그래서 나는 이렇게 말합니다.

"낯설게, 불편하게 조합하라."

글을 쓴다는 건 단어와 단어를 끊임없이 조합하는 행위입니다. 단어를 조합하여 문장이라는 것을 만들어 내는 행위입니다. 카피 역시 그렇습니다. 조합입니다. 조립입니다. 아이들이 장난감 레고를 조립하여 자동차도 만들고 집도 만들 듯 단어를 조립하여 메시지를 완성하는 것입니다.

서로 어울리지 않는 것을 붙이십시오. 세상 모든 단어를 한 줄로 길게 세웠을 때 오른쪽 맨 끝에 설 것 같은 단어, 그래서 평생 만날 일 없을 것 같은 단어를 핀셋으로 쏙쏙 뽑아 붙이십시오. 로미오에게는 성춘향을, 줄리엣에게는 이몽룡을 조합하십시오. 글의 힘, 카피의 힘은 낯선 조합에서 나옵니다. 익숙함과 편안함을 파괴하는 데서 나옵니다.

(정철, 『카피책』, 허밍버드, 2016, 33쪽)

광고카피를 쓰려면 새로운 관점으로 사물을 보도록 노력해야 한다. 아이디어를 발견하는 방법으로는 하나의 대상을 의인화하거나 둘 이상의 대상을 비교하거나 불가능한 상황을 공상으로 실현시켜 보는 방법 등이 있다. 광고 전문가들은 아이디어를 발견하기 위해 다음과 같이 노력해 보기를 권한다.

① 유사물을 찾아라

세상에서 가장 빠른 것은? 세상에서 가장 느린 것은? 내구성이 있는 것은, 경제성이 있는 것은, 편리한 것은, 신뢰 있는 것은, 단순한 것은? 무엇인가에 대한 끊임없는 질문은 아이디어 발견의 지름길이라 할 수 있다.

② 규칙을 깨라

반 고흐는 꽃을 표현하는 규칙을 깼고, 피카소는 여자의 얼굴 표현의 규칙을, 프로이트는 정신병 치료의 규칙을, 딕 포스버리는 높이뛰기의 규칙을 베토벤은 심포니의 규칙을 깼다. 룰은 아이디어를 얻는 큰 길이다. 당신이 해야 할 일은 그 룰을 깨는 것이다.

③ '만일 이렇다면'이라고 가정해보자

만일 내가 축구선수라면? 야구선수라면, 작게 만든다면, 크게 만든다면, 다른 모양으로 바꾼다면, 색깔을 바꾼다면, 더 밝게, 중후하게, 다르게 포장하다면 어떻게 될까? 이러한 가정의 연속에서 당신은 새로운 아이디어를 발견할 수 있다.

④ 조언 받고자 하면 다른 분야를 보라

다른 분야의 아이디어를 채용하는 것보다 더 빠르게 자신의 분야를 활성화시키는 것은 없다. 증기선의 프로펠러의 회전수를 기록하는 소자를 통해 금전등록기는 만들어졌다. 다윈은 멜더스 인구론을 읽으면서 적자생존에 의한 진화론을 찾아냈다. 죠지 웨스팅하우스는 터널을 뚫을 때 사용하는 '압축공기돌 드릴'에서 에어브레이크를 고안했다.

⑤ 운명에 맡기고 꾸준히 하라

아이디어를 얻는다는 것은 기존에 연결되지 않았던 사물들을 결합하는 것을 의미한다. 다른 말로 하면 꾸준히 하는 것이다. 절대 명심해라. 꾸준히 하는 것보다 더 나은 아이디어 발견의 강력한 것은 없다. 당신이 꾸준히 하지 않으면 아이디어는 얻지 못한다. 꾸준함은 전지전능한 힘이다.

(김규철, 『광고 창작기본』, 서울미디어, 2013, 44-45쪽)

스토리텔링은 자신이 겪었거나 들었거나 지어낸 이야기를 다른 사람들에게 들려주면서 서로의 느낌, 감성, 상상력을 주고받는 소통의 한 방식이다. 같은 이야기라도 말하는 사람의 의도와 경험, 입담, 듣는 사람의 관심과 필요에 따라 다른 버전의 이야기로 각색되는데 이처럼 스토리텔링은 이야기와 상황이 결합된 상태의 전달 기술이라는 점을 기억할 필요가 있다. 이야기에 자신이 처한 상황, 경험, 감정 등을 어떻게 기술적이고도 효과적으로 녹여내느냐가 개성적인 글쓰기의 핵심이라는 말이다. 일상적인 글에서든 실용적인 글에서든 이야기는 말하고자 하는 바를 보다 효과적으로 전달하고 이해시키는 데 기여한다. 스토리텔링은 같은 스토리라도 담기는 매체에 따라 다른 감동과 느낌을 전달하므로 오늘날에는 신문, 라디오, 텔레비전, 영화, 드라마, 뮤지컬, 잡지, 애니메이션, 소설, 동화, 연극 등의 매체에서 다양하게 활용되고 있다. 또한 자소서, 면접, 마케팅, 비스니스 현장에서도 널리 활용되고 있으며 전통이나 문화를 알리거나 습득하는 과정에서도 효과적으로 이용된다.

<　예문　>

<　코끼리와 시인　>

장님들이 코끼리를 만져보았다.

한 장님은 코끼리는 기둥같이 생겼다고 말했다.

다른 장님은 코끼리는 큰 배처럼 생겼다고 말했다.

나머지 장님은 코끼리는 가는 뱀처럼 생겼다고 말했다.

이 장님들은 저마다 코끼리의 다리, 배, 꼬리를 만져보고 그렇게 말한 것이다.

우리가 잘 아는 이야기다.

만일, 이 코끼리를 '삶'이라 부르기로 하자.

개별 과학이란 것은 저마다 자기가 택한 테두리 안에서 삶을 본다.

모든 것을 보지 않는다는 것이 개별 과학의 본질이다.

아무리 정밀할망정, 과학은 전체적인 접근을 스스로 삼간 데서 오는 부분성을 벗어나지 못한다. 만일 과학이 이 사실을 잊어버리고 그것 자체가 전체적인 인식인 것처럼 생각한다면 그 과학은 이 이야기의 장님들과 마찬가지로 지나친 것을 주장하는 것이 된다.

철학자라고 하는 사람을 코끼리 앞에 데려왔다고 하자.

그는 뜬눈으로 코끼리를 부는 사람에다 비유할 수 있다.

그는 덩치 큰 짐승이라고 볼 것이다.

철학자는 '삶'을 전체적으로 관련시켜서 본다.

그런데 또 한 사람이 와서 코끼리를 보았다고 하자.

그는 코끼리가 먼 나라에서 와서 먹이를 먹지 못하여 병들어 있고 눈물을 흘리고 있는 것을 보고 자기도 눈물을 흘렸다고 하자.

이 사람을 우리는 시인이라 부른다.

그는 코끼리를 관찰하거나 생각한 것이 아니고 느낀 것이다.

그는 코끼리가 되었던 것이다.

이것이 이 세상에서 시인이라 불리는 사람들이 하는 일이다.

(최인훈, 『바다의 편지』, 삼인, 2012, 490-491쪽)

이야기는 같은 내용을 다루더라도 전달 방법에 따라 다른 감동을 주기도 하지만, 같은 내용이 상황에 따라 다른 스토리로 변주되기도 한다. 〈예문1〉의 시는 후자의 경우를 보여주는 사례로, 시에는 상황에 따라 변주되는 스토리텔링의 성격이 두드러지게 나타나 있다. 시에 드러나 있는 시인의 통찰에 따르면, 과학자는 코끼리를 사실적으로 설명하지만 시인은 코끼리를 불쌍히 여기고 눈물을 흘린다. 이처럼 이 시는 우리 삶에서 과학과 철학, 문학의 역할이 무엇인지를 장님과 코끼리 이야기에 빗대어 사유하게 한다.

2) 안내문 쓰기

안내문은 정보 제공을 주된 목적으로 하는 글이다. 객관적이고 사실적인 정보를 효율적으로 전달하기 위해서 어려운 문장이나 단어의 사용을 자제하고 자주 사용되는 문구를 적절히 배치하여 형식에 맞게 작성하는 것이 좋다. 또한 본문에 이미지를 넣어 해당 정보에 대한 설명을 보강하는 것도 좋다. 안내문은 정보 제공의 기능뿐 아니라 정보를 접한 사람이 해당 사항에 흥미를 느끼고 의사를 결정하거나 행동으로 옮길 수 있는 계기로 작용한다. 그러므로 빠르고 정확한 판단을 돕기 위해 안내문의 표현은 직관적이고 요점만 정확하게 나타낼 수 있어야 한다.

〈 예문 1 〉
'종로' 하면 떠오르는 탑골공원. 노인들의 휴식 공간으로 알려져 있지만 1919년 3월 1일로 기억되는 역사의 현장이기도 하다. 원래 원각사 터였던 이곳은 1897년 대한제국 고종 때 서구식 공원으로 건립됐다. 파고다공원이라 불리다 1992년 탑골공원으로 바뀌었다. 탑골공원의 정문은 삼일문이다. 문을 지나면 곧장 민족 대표 33인의 대표 의암 손병희 선생의 동상과 3.1 독립 선언 기념탑이 보인다. 국보 제2호인 원각사지 10층석탑도 보인다. 형태와 평면이 특수하고 화려하며 훌륭한 걸작품으로 꼽힌다. 그 외에도 대원각사비, 조선 초기의 해시계인 앙부일구 받침돌 등의 문화재와 만해 한용운 선사비, 3.1 정신 찬양비가 세워져 있다. 탑골공원에서 이제 독립만세의 함성은 들리지 않지만 그날의 의미는 변하지 않는다. 종로에 나섰다면 그 숭고한 희생을 떠올리는 것도 좋을 듯하다. (서울시 공식 관광정보 웹사이트 게시)

〈 예문 2 〉
주지하다시피 현재 탑골공원과 종묘공원은 '노인의 공간'이며, 이 두 지점을 잇는 길은 '노인의 거리'가 되어 있다. 노인들이 탑골공원을 거점을 삼기 시작한 것은 1980년대 말부터였다. 1988년의 탑골공원 무료화가 일차적인 계기였고, 1994년 65세 이상 노인을 대상으로 한 전철 무임 승차제도 도입도 지하철 1,3,5호선이 통과하는 종로 3가역의 노인 인구 흡인력을 배가시켰다.

노인들이 이곳을 거점으로 삼자 노인을 상대로 하는 자선활동과 무료봉사를 포함한 각종 영업도 이 주변에서 활기를 띠었다. 교통의 편리성과 무료 휴식공간, 노인을 대상으로 하는 각종 영업적 비영업적 활동이 노인들을 이곳으로 끌어들인 것은 분명하다. 그러나 그뿐일까. 서울시가 노인들을 탑골공원에서 몰아내기 위해 경운동에 서울노인복지센터라는 새 쉼터를 마련해주었음에도 불구하고, 노인들은 그곳으로 가려 하지 않는다. 오히려 그 반대편, 종묘 쪽으로 이동항 노인의 공간을 확장시켰다. 노인들이 탑골공원 주변을 찾는 것은 이곳이 단순히 '접근이 용이하고 비용이 적게 드는 곳'이기 때문만이 아니라, 이 일대에 그들의 '왕년'이 함께 머물러 있기 때문일는지도 모른다.

구도심 종로는 쇠락해 있고 더 쇠락해가는 도심이다. 그래서 그 역시 노쇠해 있고 더 노쇠해가는 노인들에게 이 장소는 그들 자신의 처지와 오버랩되는 '이미지의 공간'이다.

(전우용, 『서울은 깊다』, 돌베개, 2008, 163–164쪽)

〈예문1〉은 서울시 공식 관광정보 웹사이트에서 제공한 탑골공원 관광 안내문이고 〈예문2〉는 탑골공원에 관한 문화비평문의 일부로, 특정 공간에 대한 정보 안내를 전제로 하고 있다. 두 글 모두 설명 방식을 채택하여 기술하고 있는데 관광 안내문은 정보 전달에 집중하고 있고, 문화평론은 객관적 정보를 바탕으로 필자의 주관적 판단을 제시하고 있다. 설명과 논증이 섞여 있는 후자는 필자가 역사적 사실과 고전 자료에 대한 참조를 바탕으로 시의성 있는 추리를 전개하고 있다. 이처럼 정보나 지식을 담고 있는 글은 지식 수준에 따라 글의 내용과 깊이가 지식수준에 따라 크게 좌우된다. 지식이 풍부할수록 수준 높은 글이 된다.

공지문이나 게시문도 안내문의 성격을 지닌다. 이러한 문서는 제목을 직관적으로 붙여야 말하고자 하는 바를 금방 알아볼 수 있다. 문학적인 제목을 만드는 데 공을 들이기보다는 내용이 제목에 드러나는지를 살피고, 본문도 화려한 문장보다는 짧고 분명한 문장으로 정화한 의사전달이 이루어질 수 있도록 한다. 무엇보다 읽는 사람이 궁금해할 만한 정보를 충분하게 제공하여야 한다.

3) 기사문 쓰기

기사문은 대개 독자들이 잘 모르는 내용을 기자가 취재하여 설명하는 방식으로 구성된다. 기사를 작성할 때 가장 중요한 내용을 맨 앞에 쓰고 그 뒤로 다음으로 중요하다고 판단되는 내용을 차례로 적어나가는데, 이러한 글쓰기 방식을 기사체라 한다. 기사문의 공통적 특징은 짧은 문장의 사용, 구어체 중심의 쉬운 일상적 표현, 육하원칙에 충실한 현장 묘사, 그리고 정보의 출처를 최대한 분명히 제시하는 투명성 등을 포함한다.[4]

기사는 사실을 기록한 글로서 사설이나 칼럼과 같이 주관적 느낌과 의견을 담은 글과 구분된다.

좋은 기사를 쓰려면 평소에 다양한 독서 경험으로 지적 능력을 배양하는 데 힘써야 하고 신문 읽기와 방송 시청으로 뉴스의 흐름을 파악하고 있어야 한다. 페이스북, 인스타그램, 카카오톡 등의 SNS와 온라인상의 커뮤니티를 통해 유통되는 정보에 관심을 갖고 꾸준히 모니터링하는 노력도 필요하다. 기삿거리를 발견하여 기사문을 작성할 때는 문장을 짧게 구성하고 복문과 중문은 피하고 능동형 동사를 쓰도록 힘쓴다.

(1) 서론 : 글의 배경과 목적 제시

설명적인 글에서 다루는 대상은 독자들이 최근에 관심을 갖게 되었으되 그 내용이나 특성을 잘 모르는 경우가 많다. 그래서 서론에서는 설명할 대상에 대한 최근 논의나 사건 또는 사회적 이슈 등으로 시작하여 독자의 관심을 환기하는 것이 좋다. 그리고 독자의 이해를 돕기 위해 대상의 개념을 한정해줄 필요가 있다.

---

4) 이재경, 송상근 지음, 『기사 작성의 기초』, 이화여자대학교 출판문화원, 2018, 18쪽

기사 쓰기의 4단계 접근법

1. 주제 정하기

　　기사에서 무엇을 이야기할 것인가?

　　다루려는 핵심 문제가 명료하게 정리됐는가?

　　관련 맥락 속에서 다루고자 하는 기사의 초점이 잘 잡혔는가?

　　혹시 다른 관점에서 접근해야 하는 것은 아닌가?

2. 자료 수집 또는 취재 작업

　　기사의 뼈대가 되는 육하원칙 내용을 확보했는가?

　　취재원은 다원적으로 접근했는가?

　　더 필요한 자료는 없는가?

　　새로운 취재원이 필요하지는 않은가?

3. 기사 구조의 구성

　　기사틀을 어떻게 할 것인가?

　　자료를 제시하는 순서는 만족스러운가?

　　리드는 제대로 정했는가?

4. 기사 고치기

　　전체적으로 기사의 흐름은 좋은가?

　　결정적인 자료가 누락되지는 않았는가?

　　글의 흐름과 어휘의 선택은 자연스러운가?

　　문법과 어법을 잘 지켰는가?

(캐롤 리치, 〈Writing and Reporting News : A Coaching Method〉(2016)

: 이재경, 송상근 지음, 『기사 작성의 기초』, 이화여자대학교 출판문화원, 2018, 72–73쪽에서 재인용)

(2) 본론 : 대상을 쉽고 자세히 설명

본론에서는 대상의 개념이나 특징이 잘 드러날 수 있도록 여러 설명의 기법을 활용하여 수집한 자료를 배치한다. 이때 독자가 잘 이해할 수 있도록 각 자료를 연관시켜야 한다. 그리고 독자가 관심을 가지는 내용을 중심으로 기술하되, 지나치게 세부적인 정보나 독자의 관심이 아닌 내용은 기술하지 않는 것이 좋다.

(3) 결론 : 본론 내용 간결하게 정리

결론에서는 본론에서 제시한 내용들을 간결하게 정리하고 끝맺는다. 설명적인 글에서는 대상에 대한 설명에만 충실하면 되므로 확대된 주장이나 논의는 불필요하다.

4) 비즈니스 이메일 작성법

이메일은 회사 생활에서의 중요한 커뮤니케이션 수단이다. 업무 지시나 보고, 전달사항 등 중요한 내용들을 주고 받을 뿐만 아니라 나중에 기록으로 남는 일종의 '증거'가 되기도 하므로 주의를 기울여 작성해야 한다. 아래에서 이메일 작성의 기본 요소와 작성 요령에 대해 살펴보기로 한다.

(1) 핵심 내용이 담긴 제목 정하기

이메일을 작성할 때 첫 번째로 고려해야 하는 건 제목이다. 본문 내용을 한 마디로 요약하는 것과 다름 없기에 핵심 내용을 알 수 있도록 적어야 한다. 예를 들어 "1분기 영업 실적 보고 자료입니다" 또는 "마케팅 전략 회의 일정 안내"와 같이 제목만 봐도 알 수 있는 중요 내용을 제목으로 정한다. 이 때 "○○○에 대한 보고의 건"과 같은 표현은 일본식 표현이므로 가급적 삼가는 것이 좋다.

(2) 인사말과 소개

보고서와는 달리 이메일에서는 간단한 인사말과 자기 소개를 해야 한다. 예를 들어 "안녕하십니까? ○○팀 ○○○사원입니다."라고 자신을 밝힌 후 본론으로 들어가야 한다. 물론 받는 사람은 누가 그 메일을 보냈는지 알고 있지만 메일을 보내는 사람을 소개하는 것이 기본 예의이다.

(3) 간결한 본문 내용

이메일 본문 내용은 가급적 핵심 내용만 간략하게 쓰도록 한다. 만약 내용이 길어지는 경우 줄을 변경하거나 항목을 바꿔 한 눈에 보기 좋게 정리한다. 본문으로만 전달하는 것이 불가능한 경우에는 핵심만 요약해서 정리한 다음 참고 자료를 첨부하도록 한다. 이 때 "자세한 내용은 첨부 자료를 참조하여 주시기 바랍니다"라고 안내해야 한다.

(4) 마무리 인사

이메일 본문을 작성하고 첨부 자료까지 첨부한 다음에는 마무리 인사를 해야 한다. 용건만 기재한 다음 마무리하는 것보다는 마지막에 "감사합니다"라는 말로 마무리 하는 것이 좋다. 그래야 메일을 수신하는 사람에게 더 좋은 인상을 남길 수 있어 훨씬 수월하게 협업을 이끌어 낼 수 있다. 또한 메일 본문을 작성하고 난 다음에는 오탈자 또는 잘못된 내용은 없는지 다시 한 번 확인해야 한다.

(5) 수신인과 참조 설정

이제 본문 작성이 마무리되었으면 수신자를 설정해야 한다. 업무용 이메일은 '수신자'와 함께 '참조'도 중요하다. 수신자는 그 업무와 직접 관계된 사람을 말하며, 참조는 직접 관련은 없지만 그 내용을 알아야 하는 사람을 말한다. 예를 들어 팀장에게 업무 진행 상황을 보고하는 경우 그 업무와 연관된 부서 담당자를 참조인으로 설정하여 메일을 보내는 것이다.

< 일반적인 이메일 작성 예시 >

업무용 이메일, 특히 여러 사람에게 보내는 이메일을 작성하는 경우에는 필요한 정보만 간략하게 기재하는 것이 좋으며, 발송하기 전에 반드시 빠진 정보가 없는지, 오탈자가 없는지 확인해야 한다.

받는 사람	업무와 직접 관계된 사람	▼	주소록
참조	업무와 직접 관련은 없지만 내용을 알아야 하는 사람	▼	주소록
제목	핵심 내용이 담긴 제목 (예시 : 2020년 마케팅 전략 발표 일정 안내)		

인사말과 소개 + 간결한 본문 내용 + 마무리 인사

(예시)
안녕하십니까? OOO팀 OOO입니다.
2020년 마케팅 전략 발표 일정을 안내해 드리고자 메일을 드립니다.
본 메일의 수신자께서는 아래의 일정을 참조하시어 반드시 참석하여 주시기 바랍니다.

※ 2020 마케팅 전략 발표 일정
- 일시 : OO월 OO일 OO시
- 장소 : 3층 대회의실
- 주제 : 2020년 매출 향상을 위한 온오프라인 마케팅 전략 발표
- 발표자 : 마케팅 본부장
- 참석 대상 : 마케팅 본부 전원, 영업본부 및 생산지원 본부 임원, 팀장

궁금한 사항이 있거나 불가피한 사유로 불참하시는 경우에는
본 메일에 회신하여 주시거나 OOO – OOOO번으로 통보하여 주시기 바랍니다.

감사합니다.

제2장

SNS를 활용한 자기브랜딩 방법

1. 나는 검색되는 사람인가? (나만의 핵심 키워드 설정)

1) 키워드가 필요한 이유

오늘날 많은 사람들은 자신이 필요한 걸 스스로 검색해서 찾아본 다음 자신에게 가장 맞는 상품이나 서비스를 선택한다. 이러한 '검색' 환경 덕분에 기존의 마케팅 전략에는 많은 변화가 있었다.

개인 브랜딩에 있어서도 '검색'을 피해갈 수 없다. 아무리 정성들여 자기만의 브랜드 콘셉트를 정했다 하더라도 다른 사람들이 나의 브랜드 콘셉트를 알 리가 없다. 그러므로 나의 브랜드 콘셉트와 관련된 키워드를 설정해서 나 자신을 알려 나가야 한다. 한 마디로 '검색되는 사람'이 되어야 하는 것이다.

검색되는 사람이 되기 위해서 반드시 유명인이 될 필요는 없다. 사람들이 검색할 만한 키워드를 찾아 그 분야에 대한 콘텐츠를 쌓아 나가기만 하면 검색 결과에 우선 순위로 노출될 수 있다.

검색 키워드는 네이버나 구글과 같은 검색 엔진에서도 중요하지만 페이스북이나 인스타그램 등의 SNS에서도 중요하다. 특히 인스타그램에서 해쉬태그(#)를 사용할 경우 자신이 설정한 해쉬태그를 사용한 사람이 몇 명인지 손쉽게 알 수 있어 사람들의 관심사를 파악할 수 있다. 최근에는 유튜브가 기존 검색 엔진을 위협하는 존재로 떠오르고 있어 키워드의 중요성은 더욱 커지고 있다.[5]

2) 키워드의 종류와 설정 방법

검색 키워드를 설정할 때 무엇보다 중요한 건 자신의 브랜드 콘셉트와 관련된 키워드를 설정하는 것이다. 내가 정한 브랜드 콘셉트와 자연스럽게 연결되거나 연상되는 것들을 키워드로 설정해야 하는 것이다.

구 분	핵심 키워드	간접 키워드	우회 키워드
정 의	자신의 브랜드 콘셉트 또는 자신의 이름	자신의 핵심 키워드에 대한 부연 설명	자신의 브랜드 콘셉트와 관련된 질문
사 례	두통약 ○○○	새로 나온 두통약, 효과 빠른 두통약	머리 아플 때 가장 효과가 빠른 두통약은 무엇인가요?
	이혼 컨설턴트	이혼 문제 법적 상담, 이혼 후 재산 분할, 이혼 후 자녀 상담	이혼시 배우자와의 재산분할은 어떻게 하나요?
	○○○ 강사	○○분야 전문 강사	○○분야 지루하지 않게 강의 잘 하는 강사 없나요?

---

5) 홍지민, 유튜브, 검색엔진으로 네이버 추월하나, 코리아타임스 뉴스, 2019.3.28.

이를 위해서는 키워드에 대한 이해가 필요하다. 과거에는 키워드가 단순히 하나의 단어만 의미했지만 현재에는 문장 수준의 키워드로도 검색이 가능해졌다. 그러므로 단어에서 문장 수준까지, 다양하게 키워드를 설정할 필요가 있다.

키워드의 종류에는 세 가지가 있다. 첫 번째는 자신이 말하고자 하는 직접적인 핵심 단어를 말하는 핵심 키워드, 두 번째는 그 핵심 키워드를 부연설명해주는 간접 키워드가 있다. 세 번째는 핵심 키워드와 관련되거나 핵심 키워드를 연상시키는 질문을 하는 우회 키워드가 있다. 각 키워드 별 사례를 들면 위와 같다.

위의 표에서 보듯이 핵심 키워드에서 간접 키워드, 그리고 우회 키워드로 갈수록 표현이 길어진다. 이는 가급적 많은 키워드를 설정함으로써 검색에 노출되기 위한 전략이다. 중요한 것은 이러한 키워드를 통해서 노출되어야 하는 건 바로 '나 자신'이다. 그러므로 항상 핵심 키워드 또는 나만의 브랜드 콘셉트와 연관된 키워드를 설정하는 것이 좋다.

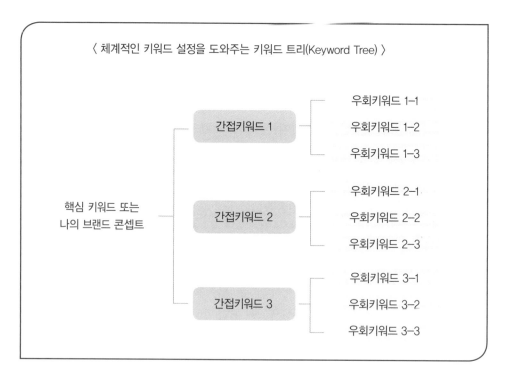

〈 체계적인 키워드 설정을 도와주는 키워드 트리(Keyword Tree) 〉

3) '콘셉트'의 중요성과 키워드에 기반한 콘셉트 설정 방법

유튜브를 비롯한 SNS 상에는 셀 수 없이 많은 콘텐츠가 사람들의 주목을 끌기 위해 엄청난 경쟁을 하고 있다. 한 마디로 '레드 오션(Red Ocean)'인 것이다. 이렇게 경쟁이 치열한 곳에서는 오직 극소수의 사람만 유명해 질 뿐 대부분의 사람들은 주목을 받지 못하는 게 현실이다.

그렇다면 왜 대부분의 사람들은 주목을 받는 데 실패하는 걸까? 가장 큰 이유는 바로 '콘셉트의 부재'이다. 우리가 알고 있는 대부분의 유명인들은 자기만의 분명한 '콘셉트'이 있다. 백종원씨의 경우 '요리연구가'로 이름을 알렸으며, 강형욱씨의 경우 '반려견 행동전문가'로 유명해졌다. 하지만 대부분의 사람들은 SNS나 유튜브를 시작할 때 자기만의 키워드나 관심 있는 주제, 또는 일관된 콘셉트를 정하지도 않은 채 무턱대고 시작한다. 이런 경우 사람들의 관심이나 주목을 받지도 못한 채 시간 낭비만 하다가 중도에 그만두게 될 가능성이 크다.

예를 들어 '먹방'이 인기를 끌 때는 먹방을 흉내 내다가, 여행에 대해 관심이 생겼다고 해서 갑자기 여행에 대한 콘텐츠를 만든다면 어떻게 될까? 이렇게 즉흥적으로 주제를 정할 경우 각 분야에서 이미 주목을 받고 있는 콘텐츠나 사람들에게 검색 순위에서 밀릴 수밖에 없어 절대로 주목받을 수 없다. 그러므로 자기만의 '영역'을 설정하고 이와 관련된 콘텐츠를 끊임 없이 공급해야 한다. 그래야 자신의 분야에서 조금씩 검색 순위가 올라가게 되어 이름을 알릴 수 있게 된다. 즉 자기만의 브랜드가 형성되기 시작하는 것이다.

이렇게 자기 분야에서 어느 정도의 영향력이 확장된 다음에 비로소 자신의 영역을 넓혀가는 게 가장 효과적이다. 이것이 바로 온라인에서의 3단계 자기브랜딩 전략인데, 아래의 그림으로 도식화할 수 있다.

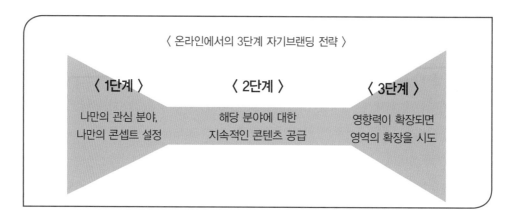

자기만의 콘셉트는 어떻게 설정하는 것일까? 앞서 살펴본 자기만의 '핵심 키워드'만 있다면 쉽게 설정할 수 있다. 자신의 핵심 키워드에 자신이 어떻게 공헌하고 있는지 알려주거나 키워드와 관련되어 있는 자신의 직업 등을 알려주기만 하면 된다.

예를 들면, 자신의 관심 분야가 '인공지능'이라서 키워드 역시 그것으로 정했다면 이제 자신이 인공지능에 대해 어떤 일을 하고 있는지 알려주기만 하면 된다. 아직은 학생이라서 인공지능에 대한 연구를 하고 있다면 '인공지능 전문가를 꿈꾸는 학생'이라고 설정하고, 실제로 인공지능과 관련된 일을 하는 개발자라면 '인공지능 개발자'라 표현해주면 된다.

콘셉트를 설정할 때는 거창하거나 멋진 표현을 쓸 필요가 없으므로 부담 가질 필요가 없다. 단지 사람들에게 자신이 어떤 분야에 관심이 있는지, 어떤 분야의 전문가인지 명확하게 알려주기만 하면 될 뿐이다.

이렇게 자신이 설정한 키워드를 기반으로 자기만의 '콘셉트'를 설정했다면, 이제 그 콘셉트를 자신이 주로 사용하게 될 플랫폼의 프로필에 올려놓도록 하자. 페이스북이나 인스타그램, 유튜브, 그리고 최근 직장인들 사이에 주목받고 있는 링크드인까지 대부분의 온라인 플랫폼에서는 자신을 소개하는 프로필을 올리도록 되어 있다. 프로필에 자기만의 분명한 콘셉트를 올리는 것만으로노 사람들에게 명확한 인식을 심어줄 수 있다는 걸 잊어서는 안 된다.

2. 어떤 플랫폼을 어떻게 활용할 것인가?

1) 각 플랫폼의 특성 이해하기

지금까지 개인 브랜딩을 위한 나만의 핵심 콘셉트를 정하고 이와 관련된 키워드를 설정하는 방법에 대해 설명했다. 이는 방향을 설정한 것일 뿐이므로 지금부터 본격적인 '표현' 작업에 대해 살펴보기로 한다. 사람들이 나와 관련된 키워드를 검색해서 나의 플랫폼에 방문하더라도 보여줄 것이 없다면 아무 소용이 없기 때문이다. 그러므로 지금까지 설정한 키워드 별로 콘텐츠를 하나씩 채워 나가야 한다.

그 전에 사람들에게 많이 사용되고 있는 SNS 플랫폼의 특성에 대해 살펴보기로 한다. SNS 외에도 네이버나 구글 같은 검색 엔진도 중요한 플랫폼이므로 여기에 포함하여 설명한다.

먼저 네이버(Naver)는 국내에서 사용하지 않을 수 없는 필수적인 플랫폼이다. 특히 네이버 블로그는 가장 기본적인 콘텐츠 허브(Contents Herb)로서의 역할을 한다. 블로그는 가장 적은 비용으로 자신의 콘텐츠를 알릴 수 있는 기본 노트와 같다고 생각하면 된다.

또한 같은 관심사를 공유하는 카페(Cafe)도 무시할 수 없다. 같은 관심사를 공유하는 사람들이 모이므로 결속력이 강할 수밖에 없고 카페 회원들에게 무료로 쪽지를 발송할 수 있기 때문에 커뮤니케이션에 효과적이다.

구글(Google)의 경우 검색 엔진으로서의 인기는 갈수록 높아지고 있어 국내 검색 엔진 시장의 절대 강자였던 네이버의 아성을 위협하기에 이르렀다. 다만 블로그나카페 같은 콘텐츠 허브의 기능을 제공하는 측면에서는 상대적으로 약세를 보인다.

그러나 네이버 블로그에서 작성한 콘텐츠를 구글에서 검색할 수 있도록 하는 등 검색 기능이 강화되고 있다. 무엇보다 구글에는 유튜브라는 막강한 플랫폼이 있다는 사실을 잊지 말자. 유튜브는 2019년 현재 가장 강력하고 영향력 있는 플랫폼이 되었다.

SNS에서는 페이스북과 인스타그램이 대표적인데, 사실 2012년 신생 스타트업에 불과하던 인스타그램을 페이스북이 인수함으로써 한 회사가 되었고, 서로 연동도 가능하게 되었다. 그럼에도 페이스북과 인스타그램은 콘텐츠 작성에 있어서 큰 차이가 있다. 동일한 콘텐츠를 올리더라도 인스타그램에서는 이미지가 먼저 보이는 반면 페이스북은 텍스트가 먼저 보이게 된다. 페이스북보다 인스타그램이 더욱 이미지 지향적인 플랫폼이라 할 수 있다.

그러나 최근에는 페이스북 엑소더스라 할 만큼 많은 사용자들이 페이스북을 이탈하고 있는데, 그럼에도 불구하고 국내에서 가장 많이 이용되고 있는 SNS는 페이스북이라는 사실을 간과해서는 안 된다.

한편 국내에서 개발된 카카오스토리와 네이버밴드도 있는데, 이들 플랫폼은 이용자가 상대적으로 적은 편이지만 연령대가 높아질수록 이들 플랫폼의 이용률이 높아 진다는 사실은 참조할 만하다.[6]

2) 플랫폼 연동해서 활용하기

SNS는 세상과 소통하는 수단일 뿐만 아니라 자신을 세상에 알리는 중요한 홍보 수단이 된다. 이러한 SNS의 중요성 덕분에 SNS 플랫폼의 숫자도 늘어나고 있다. 위에서 가장 많이 사용되고 있는 플랫폼을 소개하긴 했지만, 오늘도 새로운 플랫폼들이 사용자를 확대하고 있어 트렌드가 어떻게 바뀔지 아무도 예측할 수가 없다.

---

6) 정보통신정책연구원, 「SNS(소셜 네트워크 서비스) 이용추이 및 이용행태 분석」, 2019-10호, 2019.5.30.

문제는 이렇게 활용해야 할 플랫폼의 수는 늘어나는 데 반해 우리의 시간은 한정되어 있다는 점이다. 또한 특정한 플랫폼을 집중적으로 활용하다가 갑자기 다른 플랫폼이 뜬다고 해서 하루 아침에 기존에 만들어 놨던 콘텐츠를 버리고 다른 플랫폼으로 갈아탈 수도 없다.

그러나 걱정할 필요는 없다. 대부분의 SNS플랫폼은 링크를 공유하는 기능이 있기 때문이다. 특히 페이스북의 링크 기능이 대표적이다. 페이스북은 본문에 링크를 복사할 수도 있으며 타인의 콘텐츠를 공유할 수 있는 기능도 있다. 이런 기능 덕분에 많은 뉴스가 페이스북을 통해 퍼져나가게 되어 페이스북은 언론사의 역할까지 하게 되었다.[7]

이처럼 다른 플랫폼에서 작성한 콘텐츠를 페이스북에 링크를 걸어서 공유함으로써 시간을 절약할 수가 있다. 그 대표적인 예가 바로 블로그이다. 블로그는 인터넷 시대부터 자신을 표현하는 기본적인 플랫폼이 되어 왔다. 그러나 모바일 시대가 되면서 그 영향력이 줄어든 것이 사실이다. 많은 이들이 기존에 블로그에 작성해 뒀던 콘텐츠를 아쉬워하고 있지만, 이런 경우 블로그의 링크를 페이스북에 공유하면 된다. 그렇게 되면 기존의 콘텐츠를 활용할 수도 있으며 블로그의 조회수까지 높일 수 있는 장점이 있다. 그러나 인스타그램에는 링크를 복사해도 클릭이 되지 않는다는 사실에 주의해야 한다.

3. 콘텐츠 작성 방법

SNS 콘텐츠 작성에 있어서 각 플랫폼 별로 세부적인 내용이 다르므로 모든 플랫폼에 대한 기술적인 부분을 한 권의 책에서 모두 다룰 수는 없다. 대신 SNS 콘텐츠 작성

---

7) 연합뉴스, 페이스북, 언론 역할 인정... '저널리즘 프로젝트' 발표, 2017.1.1.

에 있어서 가장 기본적이면서 핵심적인 원칙과 요령을 설명하고자 한다. 아래에서 SNS 콘텐츠 작성을 위한 기본 지식과 함께 키워드 활용 방법에 대해 살펴보기로 한다.

1) SNS 콘텐츠 제작을 위한 기본 지식

거의 대부분의 SNS에서는 텍스트보다는 이미지 또는 영상이 주요 표현 수단이 되었다. 그러므로 SNS 콘텐츠 제작을 위해서는 수준 높은 이미지를 확보하는 일이 무엇보다 중요하다. 그러나 이미지를 활용할 경우 저작권에 유의해야 한다. 저작권이 있는 콘텐츠를 무단으로 사용할 경우 이에 대한 배상을 해야 하므로 처음부터 주의하는 것이 좋다.

최근에는 이미지를 무료로 다운 받거나 유료로 구입할 수 있는 사이트들이 있어서 이곳에서 다운받아서 사용하는 것이 안전하다. 대표적인 이미지 공유 사이트는 아래와 같다.

〈 대표적인 무료 이미지 다운로드 사이트 〉
왼쪽 위에서부터 시계방향으로 프리큐레이션(www.freeqration.com),
픽사베이(https://pixabay.com/ko/), 언스플래쉬(https://unsplash.com), 그리고
인포그래픽을 무료로 다운받아 쓸 수 있는 플랫아이콘(www.flaticon.com)

다만 이들 사이트 내에서도 특정 크기 이상의 이미지 또는 프리미엄 사진들은 사용료를 지불해야 구매할 수 있다. 또한 일부 사이트의 경우 검색어를 입력할 때 영어만 사용해야 하는 경우도 있다.

이제 콘텐츠 제작을 위해 이미지를 다운로드 받았다면 그 이미지를 적절하게 편집하여 사용해야 한다. 대표적인 이미지 편집 도구로는 포토샵이 있기는 하지만 비싼 사용료를 지불해야 하며 제대로 활용하기 위해서는 일정 기간 이상의 연습이 필요하다. 이런 번거로움을 피하기 위해 무료로 사용할 수 있을 뿐만 아니라 간단하게 이미지 편집을 할 수 있는 프로그램을 소개한다.

〈 대표적인 무료 이미지 편집 프로그램 포토스케이프 〉

무료로 다운받아 쓸 수 있으며, 이미지 보정이나 텍스트 입력 등 다양한 기능을 활용할 수 있다.

아울러 유튜브로 인하여 다양한 편집 프로그램이 인기를 끌고 있는데, 포토샵과 마찬가지로 비싼 사용료와 함께 편집 기술 또한 복잡하다. 사용법이 간단하고 모바일 편집이 가능하며 무료로 이용할 수 있는 어플리케이션을 아래에 소개한다.

〈 모바일 동영상 편집 어플리케이션 : 비디오쇼 〉

무료로 다운받아 쓸 수 있으며, 모바일에서 간단하게 편집이 가능하다.
사진을 연속으로 재생시켜 주는 슬라이드쇼를 제작하거나 스마트폰으로 찍은
여러 개의 동영상을 이어 붙이는 등의 기능을 간편하게 활용할 수 있다.

2) 콘텐츠 작성의 기본 원칙 : 키워드와 이미지 활용법

콘텐츠 제작에 필요한 이미지까지 다운 받았다면, 이제부터는 본격적으로 콘텐츠를 작성해 봐야 한다. 콘텐츠 제작에 있어서 가장 중요한 것은 콘텐츠 안에 내가 설정한 키워드가 적절하게 녹아들어가야 한다는 것이다. SNS에서는 이미지가 중요하다고 해서 이미지에 텍스트를 삽입하는 것은 어떨까? 이미지에 있는 텍스트는 아직까지도 텍스트로 인식되는 것이 아니라 이미지로 인식이 되기 때문에 검색에 도움이 되지는 않는다. 그러므로 콘텐츠 본문 속에 자연스럽게 키워드를 넣는 것이 중요하다.

과거에는 네이버 블로그 등에서 자신이 노출시키고자 하는 키워드를 반복해서 입력하면 상위에 노출되던 시기가 있었으나, 이제는 무조건적인 키워드 반복의 경우 오히려 노출에서 배제될 가능성이 크다는 사실을 기억할 필요가 있다.

키워드를 활용할 때에는 앞에서 설명한 핵심 키워드 외에도 간접 키워드와 우회 키워드를 골고루 섞어서 쓰는 것이 가장 이상적이다. 페이스북이나 인스타그램에서는 해쉬태그(#)를 사용하여 검색을 유도할 수 있는데, 이 때 자기만 사용할 해쉬태그를 사용하기보다는 다른 사람들이 많이 사용하는 해쉬태그를 써주는 것이 검색 노출에 유리하다.

또한 페이스북이나 인스타그램의 경우에는 텍스트의 본문을 지나치게 길게 적어서는 안 된다. 키워드 중심으로 핵심만 간단하게 적어야 가독성이 높아져 많은 사람의 관심을 끌 수 있다. 또한 본문 안에 단순히 키워드에 대한 설명만 나열하기보다는 독자의 공감을 살 수 있는 내용이 들어갈 수 있도록 해야 한다.

4. SNS 네트워크를 활용한 영향력 확장 방법

1) 팔로워를 늘려 나가는 방법

SNS의 가장 큰 강점 중의 하나가 바로 네트워크의 확장이다. 앞서 설명한 방법대로 자기만의 브랜드 콘셉트와 키워드를 설정해 지속적으로 콘텐츠를 생산하다 보면 자연스럽게 팔로워들이 늘어나게 된다.

물론 콘텐츠를 생산하는 것 외에도 다양한 방법으로 네트워크를 형성할 수도 있다. 페이스북에서는 이벤트를 개최하여 친구들을 초대할 수 있는 '이벤트' 기능이 있어서 많은 이들과 소통할 수 있다. 또한 인스타그램에서는 자신이 사용한 해쉬태그(#)를 클릭하면 동일한 해쉬태그에 대한 '인기 게시물'과 '최근 게시물'을 한눈에 확인할 수 있어

페이스북에서는 자기만의 '페이지'를 손쉽게 만들 수 있는데,
페이지를 만들어서 운영할 경우 보다 전문적인 활동을
할 수 있으며 광고도 가능하게 된다.

같은 관심사를 가진 사람끼리 쉽게 소통할 수 있다. 또한 해당 해쉬태그에 대한 '팔로잉'도 가능하여 최신 콘텐츠를 받아볼 수 있다.

조금 더 전문적인 활동을 원한다면 페이스북에 '페이지'를 만들어서 운영할 수도 있다. 일반적으로 자신의 개인 계정에는 일상 생활에 대한 내용을 공유하고 '페이지'에서 전문적인 콘텐츠를 공급하는 경우가 일반적이다. 페이스북 페이지를 만들 경우 광고가 가능해지므로 자신을 더욱 알릴 수 있게 된다. 페이스북 광고는 인스타그램 계정과 연동해서 할 수 있으며, 고객의 관심사를 통해 맞춤 타겟을 설정할 수 있는 장점이 있다.

2) 콘셉트 범위 안에서의 확장

어느 정도의 콘텐츠가 쌓이고 수 천 명의 팔로워들이 생기게 되면 슬슬 영향력이 확장되는 시기가 온다. 그 때 콘텐츠의 영역도 확장할 필요가 있다. 그러나 이 때 주의해야 할 점은 자신이 설정한 브랜드 콘셉트를 절대 벗어나서는 안 된다는 것이다.

예를 들면 이탈리아 파스타 전문점에서 여름에 손님을 더 유치하고자 냉면을 팔게 되면 손님들은 어떤 생각을 하게 될까? 손님들은 그 파스타 전문점의 맛을 신뢰할 수 있을까? 개인 브랜딩의 예를 들어 보면, 자신을 '제약 영업 전문가'라고 설정했던 사람이 콘텐츠를 확장한답시고 제약 영업과는 별 관련이 없어 보이는 '인테리어'에 관한 콘텐츠를 올리는 경우 고객들은 어떤 생각을 하게 될까? 이런 경우 기존의 브랜딩 효과는 사라지고 처음부터 다시 브랜딩을 해야 하는 상황이 오게 된다. 만약 자신의 관심사가 달라지거나 직업을 변경한 경우 차라리 다른 계정 또는 페이지를 만들어서 운영하는 것이 좋다.

자신의 브랜드 콘텐츠를 확장하는 경우에는 기존의 콘셉트와 연결성이 있어야 한다. 예를 들면 국내에서 처음으로 '정리 컨설턴트'라는 이름으로 활동한 윤선현 대표의 경우 처음에 '정리'라는 키워드로 책을 출간했다. 그 다음 인간 관계와 재테크의 영역까지 콘텐츠를 확장했지만 '정리'라는 콘셉트를 벗어나지 않은 덕분에 콘텐츠의 확장을 할 수 있었다. 이처럼 자신의 브랜드 콘셉트를 벗어나지 않는 범위에서 서서히 영향력을 확장해 나가야 한다.

나는 명품이다

부록

부록

회사 생활에 반드시 필요한
비즈니스 매너

1. 비즈니스 매너가 필요한 이유

비즈니스 현장은 총성 없는 전쟁터이다. 당연히 실력이 있어야 살아남지만, 실력만 좋다고 해서 성공할 수 있는 건 아니다. 자신과 함께 일하는 사람들에게 좋은 인상을 남겨야 더 많은 기회가 찾아온다. 지금부터 설명할 비즈니스 매너는 자신을 좋은 사람으로 돋보이게 하여 커뮤니케이션을 더욱 원활하게 해주는 역할을 한다.

비즈니스 매너는 회사의 내부와 외부에서의 매너로 나눌 수 있다. 회사 내부에서의 매너는 주로 자신의 상사에 대한 일종의 '예의'라고 할 수 있다. 상사에 대한 매너 또는 예절은 '지키면 좋은 것'이라기보다는 '지켜야 하는' 규범에 가깝다. 특히 회사에서는 직급에 따른 위계질서가 존재하기 때문에 상사에 대한 예절이 상당히 중요하다. 평상시에 지켜야 할 태도와 함께 업무를 할 때의 기본 매너, 그리고 회의, 보고, 회식 등에서 꼭 지켜야 할 매너에 대해 살펴보기로 한다.

회사 내부에서의 매너가 반드시 지켜야 할 규범에 가까운 것이라면 회사 외부 사람들에 대한 매너는 '지키면 더욱 좋은 것'이라 할 수 있다. 회사 밖의 사람들이라 생각하고 함부로 대했다가는 나중에 큰 코 다칠 일이 생길 가능성이 높다. 일을 하다 보면 회사 밖의 사람들과도 크고 작은 일로 연결될 수 있으며 이직이나 창업 등을 할 때 도움을 받을 수도 있기 때문이다. 특히 이직을 할 경우 이직을 주선하는 헤드헌팅 기업 등에서 반드시 그 사람에 대한 '평판조회(Reference Check)'를 하게 되는데, 이직의 성공 여부는 이 평판조회 결과에 좌우된다고 해도 과언이 아니다. 평판조회를 할 때 그 사람의 평소 성격이나 업무 스타일 등에 대한 정보를 주변 사람들을 통해 듣게 되므로 주변 사람들에게 좋은 모습을 보여줄 필요가 있다.

그렇다고 해서 비즈니스 매너가 겉으로 보여지는 모습만을 말하는 건 아니다. 비즈니스 매너를 한마디로 하면 '태도'라고 할 수 있는데, 태도란 그 사람의 마음 속에 있는 생각들이 자기도 모르게 나타나는 것이므로 결국 비즈니스 매너는 그 사람의 '마음의 태도'라 할 수 있다.

2. 평상시의 기본 매너와 예절

회사는 하루 중 대부분의 시간을 보내는 곳이다. 당연히 회사의 동료나 상사와는 가족보다 더 많은 시간을 보내야 한다. 직장 생활이 즐거우려면 이들과의 관계가 좋아야 한다. 어떻게 하면 이들과의 관계가 좋아질까? 가장 효과적인 방법은 바로 평소에 좋은 모습을 보이는 것이다. '평소의 모습'이란 출퇴근 때와 평소의 근무 태도, 전화를 받을 때와 보고할 때의 태도 등을 말한다.

1) 출근 때의 모습

무엇보다 출근 시간을 준수하는 것이 중요하다. 일반적으로 출근시간 15분 전까지 출근하는 것이 좋다. 일터에 들어올 때는 밝은 모습을 보여주는 것이 좋으며 팀장 등 직속 상사에게는 직접 자리까지 가서 인사를 하는 것이 좋다.

2) 퇴근 때의 모습

퇴근하기 전에는 컴퓨터 등의 기기 전원을 끄고 책상 등 주변을 정리하고 나가야 한다. 과거에는 상사가 퇴근해야 비로소 퇴근하는 문화가 팽배했지만 최근에는 그런 문화가 점차 사라지고 있다. 그래도 퇴근할 때에는 상사에게 '먼저 퇴근하겠습니다'라고 인사하고 가는 것이 좋다.

3) 평상시의 모습

회사에서 가장 중요한 것은 업무에서의 성과를 내는 것이다. 그렇지만 성과를 내기 위해서는 주변 동료와의 협업과 상사의 도움이 반드시 필요하다. 주변 사람들에게 좋은 인상을 남기기 위해 가장 효과적인 방법은 의외로 간단하다. 바로 '인사를 잘 하는 것이다. 일반적으로 상사에게 인사를 할 때에는 '안녕하십니까'라는 말과 함께 고개를 약 30도 정도 숙이는 것이 좋다. 복도 등 지나가는 길에 만난 경우에는 가볍게 15도 정도만 숙이면 된다.

4) 전화를 받을 때

자리에 있을 때 전화가 오면 가급적 벨이 3번 이상 울리기 전에 수화기를 드는 것이 좋다. 전화기 소리로 인한 방해를 하지 않기 위해서이다. 수화기를 들면 "감사합니다. OO팀 OOO입니다."라고 말하는 것이 일반적이다. 상대방과 통화한 내용은 메모를 하는 것이 좋으며 통화를 마치기 전에는 간략히 통화 내용을 요약해 주는 것도 좋다. 전화를 끊을 때에는 상대방이 수화기를 내려놓는 것을 확인한 다음 조용히 수화기를 내려 놓는다.

5) 보고할 때의 태도

상사에게 보고서를 가지고 가서 보고를 하거나 구두로 보고할 때에는 직접 상사의 자리로 가서 'OO님, 보고드릴 사항이 있는데, 시간이 괜찮으신지요?'라고 먼저 여쭤 보는 것이 좋다. 상사가 괜찮다고 하면 중요한 사항부터 조리 있게, 차근차근 보고드린다. 만약 같은 공간이 아닌 떨어진 곳에서 근무하는 상사에게 보고를 해야 한다면 먼저 전화나 이메일을 통해 사전에 시간을 정하고 가는 것이 좋다.

3. 회의와 회식에서의 올바른 자세

조직은 어느 한 사람의 결정으로 움직이기보다는 그 일과 관련된 여러 사람의 의견과 지식, 경험을 종합하여 움직인다. 이러한 협업이 가능하게 해주는 역할을 하는 것이 바로 '회의'이다.

한편 사회 생활을 하기 위해서는 일종의 팀웍 형성이 중요한데, 우리나라에서는 가장 대표적인 방법이 바로 '회식'이다. 술과 음식이 곁들여지는 회식 자리는 더욱 친밀해지기 위한 자리이지만 이 때에도 지켜야 할 기본 매너와 예절이 있다.

아래에서는 직장 생활의 중요한 부분을 차지하는 회의와 회식에서의 올바른 태도에 대해 살펴보기로 한다.

1) 회의의 기본 : 자리 배치

조직 생활에 있어서 회의는 굉장히 중요하다. 중요한 만큼 회의의 종류도 다양하다. 회의의 목적과 주제에 따라 2~3명이 모일 수도 있고 여러 사람이 모이는 대규모 회의 등 다양하다. 이 때 참석 인원의 규모와 장소에 따라 배치가 달라지는데, 위계질서를 중요하게 여기는 우리나라의 특성상 자리배치가 상당히 중요하다. 이 때 회의 석상에서 가장 상석이 어디인지 파악하는 것이 회의 예절의 기본이다. 회의가 진행되는 좌석 배치에 따라 상석의 위치도 달라지는데, 일반적으로 그림에서 보듯이 일반적으로 출입문 또는 스크린에서 가장 먼 자리가 상석이 된다.

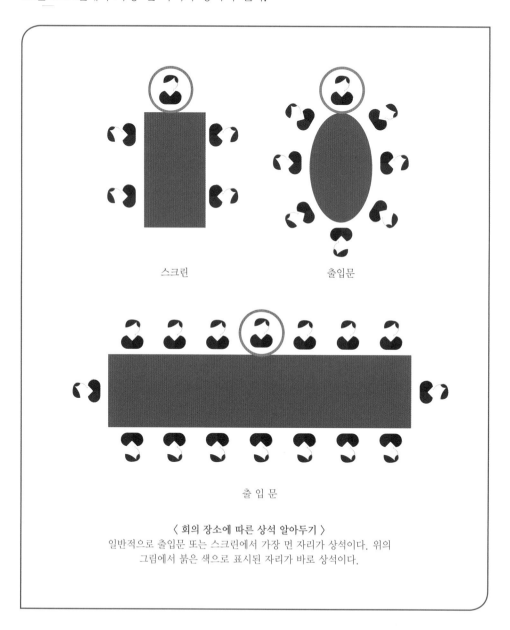

스크린   출입문

출 입 문

〈 회의 장소에 따른 상석 알아두기 〉
일반적으로 출입문 또는 스크린에서 가장 먼 자리가 상석이다. 위의
그림에서 붉은 색으로 표시된 자리가 바로 상석이다.

2) 회의 참석시 올바른 태도

우선 회의장에 들어갈 때에는 예의를 갖추는 의미에서 간단한 목례를 하고 들어가는 것이 좋다. 또한 누가 지시하지 않더라도 회의의 참석자와 중요 내용을 정리해두는 습관을 들여야 한다. 많은 사람이 모이는 회의의 경우 의자와 탁자 등 사전 준비가 필요한 경우가 있다. 이 때 참석 인원을 미리 파악하여 참석 인원이 모두 앉을 수 있는 적절한 장소를 마련하고 책상과 의자 등을 준비하는 것이 좋다.

3) 올바른 회식 예절

조직 생활에 있어서 회식은 커뮤니케이션을 위한 중요한 자리이자 정보 교환의 장이다. 회식하면 떠오르는 것이 바로 술인데, 늦게까지 이어지는 술자리와 폭음을 강요하던 과거에 비해 회식 문화가 많이 변하고 있다. 공연을 보는 문화 회식을 비롯해서 술 대신 맛있는 음식을 먹으러 가는 맛집 탐방 등이 다양하게 활용되고 있다.

그럼에도 기본적인 '음주 예절'은 지킬 필요가 있다. 가장 기본적인 건 상사로부터 술잔을 받을 때에는 두 손으로 받는 것이다. 또한 술을 잘 마시지 못하는 경우에는 사전에 정중하게 양해를 구해야 한다. 또한 즐겁게 술을 마시고 대화를 하더라도 다른 이들을 험담하거나 불평만 늘어놓는 행동 등은 삼가는 것이 좋다.

자신의 주량을 정확히 알고 마셔야 실수를 하지 않는다는 사실도 명심해야 한다. 또한 회식 자리에서는 다른 부서의 정보를 얻을 수 있으며 평소에 잘 하지 못했던 이야기를 나눌 수 있는 자리이므로 잘 활용할 수 있는 노하우를 터득하는 것이 좋다.

4. 회사 외부에서의 비즈니스 매너 : 거래처 방문 등

회사 내부에서의 비즈니스 매너가 꼭 지켜야만 하는 '예의범절'에 가까웠다면 회사 외부에서의 비즈니스 매너야말로 관계를 부드럽게 해주는 진정한 '매너'라고 할 수 있다. 같은 회사의 직원이 아닌 다른 직원을 대할 때에는 어떤 매너들이 필요한지 아래에서 살펴보도록 한다.

1) 고객사를 방문할 때의 비즈니스 매너

먼저 회사 외부의 고객사 또는 거래처 등을 방문할 때의 기본 매너에 대해 살펴본다. 악수하기와 명함 전달과 같은 처음 만났을 때의 매너, 그리고 방문하기 전과 이후의 매너에 대해 살펴본다.

(1) 고객사 방문 전에 준비해야 할 일들

출발하기 전 반드시 고객사 담당자와 일정을 정해야 하며, 방문 목적과 동행 인원 등을 이메일을 통해 알리거나 전화로 협의하는 것이 좋다. 필요한 서류와 명함 등을 미리 준비해야 하며, 출발하기 전에 방문 장소의 위치 등을 다시 한 번 확인한다. 또한 15~20분 전에 미리 도착할 수 있어야 하며 도착해서는 담당자에게 전화로 도착 사실을 알려 준다.

(2) 처음 만났을 때의 매너

비즈니스의 시작은 악수부터라고 해도 과언이 아니다. 악수를 할 때 일반적으로 나이가 더 많거나 지위가 더 높은 사람이 먼저 청하는 것이 일반적이며, 소개 받은 사람이 먼저 건네는 것이 좋다. 악수할 때 시선은 상대방에게 맞춰야 하며, 다른 한 손은 손목이나 팔꿈치에 대면 된다. 또한 앉아 있을 때 악수를 청하는 경우에는 일어서서 악수를 해야 한다.

처음 만나는 상대라면 명함을 교환하는 것이 일반적이다. 명함을 교환할 때 오른 손으로 명함 구석을 잡고 상대에게 이름이 보이는 쪽으로 전달해야 한다. 그리고 명함만 전달하기보다는 자신의 소속과 이름을 밝히면서 전달하는 것이 좋다. 명함은 지갑에 가지고 다니는 것보다는 별도의 명함 지갑을 가지고 다녀야 상대방에게 더욱 신뢰감을 줄 수 있다. 또한 언제 누구를 만날지 모르므로 명함 지갑은 늘 휴대하고 다녀야 한다. 여러 사람을 동시에 만나 명함을 여러 장 받은 후 자리에 앉아 회의를 하는 경우에는 자신의 오른 쪽에 명함들을 올려 놓고 누구인지 익히는 것도 좋은 방법이다.

첫 만남에서의 올바른 비즈니스 매너

업무 협의를 위해 처음 만나는 경우 첫 인상이 매우 중요하다. 좋은 인상을 남기기 위한 디테일한 매너를 꼭 기억할 필요가 있다.

1) 지갑 대신 별도의 명함 지갑을 준비한다.
2) 명함지갑은 불룩하지 않게 관리하며 분신처럼 가지고 다녀야 한다.
3) 명함은 미리 준비해야 하며 이름이 보이는 쪽으로 전달한다.
4) 명함을 확인한 후 회사와 근무지 등을 소재로 자연스럽게 대화한다.
5) 여러 사람을 만나서 회의를 하는 경우 자신의 오른 쪽에 받은 명함을 올려 놓고 얼굴을 익히는 것이 좋다.

2) 거래처와의 식사 및 접대를 위한 비즈니스 매너

사회 생활을 하다보면 회사 동료나 상사와의 회식 외에 거래처 직원들과도 식사를 하거나 접대를 해야 하는 경우가 있다. 이 때 회사를 대표해서 좋은 인상을 남겨야 사업적인 성과도 거둘 수 있다. 또한 이런 자리를 통해 맺어진 인연을 통해 더 많은 기회를 얻을 수도 있다. 거래처와의 식사 및 접대를 위한 자리를 잘 활용할 수 있는 방법에 대해 알아보자.

(1) 누구를, 어떤 일로 만나는가?

사회 생활은 정신 없이 돌아 돌아가므로 인간 관계를 넓히기 위해 무작정 많은 사람을 만나는 것은 비효율적이다. 특히 접대를 위해 과도한 음주를 하는 건 자신의 건강을 해치는 일이므로 삼가는 것이 좋다. 업무와 관계된 많은 이들을 만나서 인간관계를 넓혀 나가되, 그 중에서 업무상 반드시 필요하거나 마음이 맞는 사람들과는 별도의 자리를 마련하는 것이 좋다. 또한 지금 당장은 만날 필요성이 크지 않지만 장기적으로 도움이 될 만한 사람이 있다면 정기적으로 연락을 취해 친분을 쌓아 나가야 한다.

(2) 적절한 시간과 장소의 선정

업무와 관계된 사람과 식사를 하거나 접대를 하는 경우 상대는 물론 접대를 하는 자신이 부담스럽지 않은 범위에서 해야 한다. 이 때 상대방이 좋아하는 음식이나 장소에 대한 사전 정보를 파악하면 비싼 돈을 들이지 않더라도 좋은 관계를 쌓아나갈 수 있다. 특히 상대방이 관심을 가지고 있는 취미 등에 대한 정보를 파악하면 자연스럽게 가까워질 수 있다. 접대를 받는 상대방이 공무원이거나 공공기관 또는 언론기관에 근무하는 경우 최근에는 소위 '김영란법'에 의해 일정 금액 이상의 식사를 대접할 수 없게 되있음을 주의하자.

비즈니스 매너 연습

아래의 통화 내용은 거래처를 방문하기 전후에 나눌 수 있는 가장 기본적인 대화이다. 거래처 방문이 처음이어서 익숙하지 않은 경우 아래의 통화 내용을 사전에 연습하되 상황에 맞게 활용하는 것이 좋다.

1. 거래처에 전화를 걸어 방문 예약을 하는 경우

"안녕하세요? 일전에 인사드렸던 OOO기업 OOO입니다.

OOOO 용건으로 전화드렸는데요, 지금 통화가 괜찮으신가요?

(통화가 괜찮다고 하면 용건에 대해 간략히 설명한다)

좀 더 세부적인 내용은 찾아 뵙고 말씀을 드리고 싶은데,

OO월 OO일 OO시에 찾아뵈어도 괜찮을까요?

(동행 인원이 있는 경우 동행 인원을 미리 얘기한다)

(상대가 그 시간이 괜찮다고 한 경우) 그럼 OO일 OO시에 뵙겠습니다.

시간 내주셔서 감사합니다."

2. 거래처 방문 후에 인사 전화를 하는 경우

"안녕하세요? OO일 방문했던 OOO기업 OOO입니다.

바쁘신데 시간 내주셔서 다시 한 번 감사드립니다.

(방문해서 설명했던 내용의 핵심만 간단하게 다시 설명)

이번 방문을 통해 OOO님과 귀사의 발전에 공헌할 수 있도록

최선을 다하도록 하겠습니다. 궁금하신 점이 있으시면

언제든지 연락주십시오. 감사합니다."

3) 네트워크를 유지하고 확장하는 방법

사회 생활에 있어서 인적 네트워크는 재산이나 다름 없다. 수많은 기회가 자기 주변의 인적 네트워크를 통해 찾아오기 때문이다. 단순히 사람을 많이 안다고 해서 그러한 기회가 찾아오는 건 아니다. 업무상 한 번 관계를 맺은 사람은 철저히 관리하면서 신뢰 관계를 쌓아 나가야 한다. 그러한 신뢰가 쌓여야만 남들에겐 주어지지 않는 기회를 잡

을 수 있다. 아래에선 사회 생활을 통해 인간관계를 맺어나가고 신뢰를 쌓아가는 방법 중에서 가장 핵심적인 내용을 살펴보기로 한다.

〈 인간관계에서 신뢰가 중요한 이유 〉

– 한비자 제12편 세난(說難) 중에서 –

어느 날 부잣집의 담당이 무너졌다. 무너진 담장을 본 부자의 이웃과 아들은 다음과 같이 말했다.
"담을 고치지 않으면 도둑이 들 것입니다."
그날 밤 진짜 도둑이 들었다. 부자는 도둑이 들 거라고 말했던 아들에게는 똑똑하다고 칭찬을 했지만 같은 말을 한 이웃은 도둑이 아닐까 하고 의심을 했다고 한다.
이 이야기는 같은 말을 하더라도 신뢰관계의 유무에 따라 받아들이는 사람의 마음 가짐이 달라질 수 있다는 걸 보여준다. 직장에서 상사와의 관계는 물론 회사 밖에서의 다양한 인간관계 속에서도 마찬가지이다.

1) 나만의 DB 만들기(어플리케이션과 SNS 활용)

인적 네트워크를 형성하는 첫 걸음은 바로 효율적인 '명함 관리'이다. 업무를 통해 수많은 사람을 만나다보면 어느 순간 소홀해지는 일이 바로 명함을 관리하는 일인데, 명함을 저장해놓고 자기만의 데이터베이스(DB)를 구축해 놓아야 필요할 때에 언제든지 도움을 주고 받을 수 있다. 이 때 거래처별, 업무별, 회사별 등으로 구분을 지어 저장해두는 것이 효율적이다.

최근에는 명함을 촬영하기만 하면 명함 속의 정보들을 대신해서 입력해서 저장해주는 어플리케이션들이 등장해서 간편하게 명함을 관리할 수 있게 되었다. 또한 스마트폰에 연락처를 저장한 경우 SNS에서 자동으로 추천을 해주거나 친구로 등록할 수 있게 되었다. SNS의 등장 덕분에 군이 식섭 만나지 않더라도 SNS를 통해 근황을 주고 받거나 댓글을 통해 소통할 수 있게 되었다. 이러한 활동은 얼핏 보면 사소한 일처럼 느껴지지만 결코 소홀히 해서는 안 된다는 걸 명심하자.

2) 인간관계를 돈독하게 해주는 다양한 방법

위와 같은 비대면 관리 방법보다는 직접 만나거나 도움을 주고 받는 직접 커뮤니케이션이 훨씬 친밀감을 쌓는 데 도움이 된다. 사내외에서 동호회에 참여하거나 특정 업계 동향이나 기술을 공부하는 스터디 모임을 하는 것도 좋은 방법이다. 또한 주변에 경조사가 발생한 경우 참석해서 기쁨과 슬픔을 나누는 것도 좋은 방법이다.